OFF SEASON

NEBENSAISON MACHT GLÜCKLICH

HOLIDAY

VORWORT

DAS STILLE GLÜCK DER NEBENSAISON

Wann beginnt der Frühling? Immer in der Nebensaison, und auf Mallorca mit der Mandelblüte oft schon Ende Januar. Jetzt dem duftigen Weiß und Zartrosa folgen, im Februar von Sizilien zu den quietschgelben Mimosen an die sonnige Côte d'Azur, im April weiter zur Apfelblüte an den milden Bodensee und zur Kirschblüte in die Fränkische Schweiz! Im Mai und Juni ist dann Blumenzeit in den Alpen von Zermatt bis zum Triglav, und das alles ohne Besuchermassen. Wer den Frühling komplett verpasst hat, reist im August zur Wildblumenblüte ins südafrikanische Namaqualand oder im November zu den südchilenischen Lupinen. Beim farbenfrohen Herbst geht das natürlich genauso: im September alle Rost- und Kupferfarben der Tundra in Lappland aufnehmen, gerne mit Nordlicht, goldene Lärchenwälder im Engadin im Oktober oder rot-orange leuchtende Südbuchenwälder in Patagonien, Letztere aber im März, und wieder ist keine Hauptreisezeit. Grandiose Naturschauspiele nicht nur für Schnäppchenjäger!

Selbst im Hochsommer sind manche wunderschönen Ferienziele nicht überlaufen: die Opalküste ganz im Norden Frankreichs zum Beispiel oder der kleine Pyrenäenstaat Andorra. Die Schauer der sommerlichen Regenzeit im trotzdem sonnigen Mittelamerika bedeuten Entspannung pur bei Schnäppchenpreisen, und auf Mauritius herrscht jetzt sogar warmer Badewinter. Selbst bei den beliebtesten Reisezielen der Welt tun sich immer wieder Zeitfenster auf: Das heißt, nirgendwo sind Ferien, und die Preise purzeln: Das ist die Zeit für die Karibik, Hawaii, Bali oder die Südsee, oft mit völlig »untouristischen« Festen und perfektem Wetter!

In London beginnt eine preisgünstige, festlich illuminierte Vorweihnachtszeit schon Anfang November, in der Lichterstadt Paris ist winterliches »Cocooning« angesagt, in Budapest badet man bei knackiger Kälte in Thermalbädern im Freien, und in Lissabon wärmt die Sonne schon im ruhigen Februar.

Im Winter zeigen Nahziele ein unterschätztes stilles Gesicht. Lüneburger Heide, Spreewald, Elbsandsteingebirge oder Sylt haben schon manche Skeptiker mit traumhaften Lichtstimmungen überzeugt. Lassen Sie sich überraschen!

Ein ruhiger Platz in der ersten Reihe ist denen gewiss, die gegen den Strom schwimmen und antizyklisch reisen.

ERKLÄRUNG SYMBOLE

Besonders ruhig
Reiseziele abseits der Besucherströme und Touristenhochburgen

Preiswert
Fantastische Reisen zu weit günstigeren Preisen als in der Hauptsaison

Naturschauspiel
Die ganze Schönheit der Natur mit allen Sinnen erleben

Feste und Events
Regionale Feste – unvergessliche Erinnerungen an den Urlaub

Leicht zu erreichen
Wenn sich die Anreise in Grenzen hält und das Ziel das Ziel ist – und nicht der Weg

Schönes Wetter
Die Zeit genießen mit der Sonne auf der Nase und einem Lächeln im Gesicht

KATEGORIEN (DZ) NEBENSAISON

€	bis 100 Euro
€€	100–200 Euro
€€€	über 200 Euro

WOLFGANG RÖSSIG

>> Der Münchner Reiseautor liebt es, in die Natur und Kultur eines Landes einzutauchen, wenn es kaum ein anderer tut. Inzwischen hat er über 50 Reiseführer geschrieben und weiß, wo die Welt am schönsten ist, und vor allem wann! Im Winter an der Nordsee auftanken, im Vorfrühling das Mittelmeer genießen, im Frühsommer und Herbst in die Berge und immer dazwischen die exotischen Ziele der fünf Kontinente. Stets im Gepäck: die Ferienkalender aller Länder!

FRÜHLING

Die Jahreszeit, in der alles wieder grünt und blüht wie am Lago Maggiore im Tessin, weckt auch beim Menschen Lebensgeister und Reiselust. An der Türkischen Ägäisküste sprießen nun Wildblumen zwischen antiken Ruinen, auf der Insel Møn leuchten die Rapsfelder, in Patagonien färbt sich die Heidelandschaft rot, und Israel zeigt mit einer explodierenden Blumenpracht, dass die Negev-Wüste lebt. Die Costa de la Luz lockt Surfer und Feinschmecker an, und die Bodenseeregion lädt zu schönen Wanderungen und Radtouren ein.

FRÜHLING

Zu Seite 4 + 5
Der Frühling hält im Tessin früher Einzug als anderswo. Wenn Ascona und der Lago Maggiore schon ihr mediterranes Flair versprühen, liegen Teile Deutschlands noch im Winterschlaf.

Besonders ruhig

Preiswert

Die Mitternachtssonne lässt niemanden schlafen, auch die Wanderer sind schon auf den Beinen. Ausblicke wie hier auf der Vesterålen-Insel Andøya (► S. 18) sind in diesem Licht besonders rosig.

Naturschauspiel

Feste und Events

Leicht zu erreichen

Wanderungen und Radtouren sind im Frühjahr am Bodensee (► S. 38) besonders schön: Das milde Klima sorgt dazu allerorten für Blütenpracht.

Schönes Wetter

APRIL

Fränkische Schweiz

Zwischen Nürnberg, Bamberg und Bayreuth liegt einer der gesegnetsten Landstriche Deutschlands. In der Altstadt von Forchheim erwartet den Reisenden gar eine waschechte Kaiserpfalz mit Wandmalereien aus dem 14. und 16. Jh. Im tausendjährigen Ebermannstadt erreicht die Burgenstraße das Herz der Fränkischen Schweiz und spaltet sich vor lauter Begeisterung kurzzeitig in zwei Routen.

Wie ein Wächter ragt über dem Kirchdorf Tüchersfeld diese imposante Felsenburg auf, Überreste eines Riffs aus der Jurazeit. Das Dorf schmücken viele Fachwerkhäuser.

Zarte Frühlingsbande, wohin man blickt. Das Gebiet um die Walburgiskapelle, übrigens die Namensgeberin des Tafelbergs Walberla, lädt zum Wandern, Radfahren und Entschleunigen ein.

Hier lässt sich die »Entschleunigung« des Reisens so richtig genießen. Auf idyllischen Wanderwegen durch Kirschbaumhaine und schattige Wälder, an vielen kühlen »Bächla« entlang, die glasklares Wasser für zahlreiche Naturbiersorten liefern, wandert man von Burg zu Burg, Brauerei zu Brauerei und von einem malerischen Felsen zum nächsten. Die Kletterer reichen sich die besten Tipps per Mundpropaganda weiter. Sie kennen die Schwierigkeitsgrade, jeden »gorregd« gesetzten Haken und natürlich auch die aktuelle Liste der gerade zum Schutz brütender Greifvögel gesperrten Felsen.

WARUM JETZT?

Weil Mitte April rund um das **Walberla**, wie die 514 m hohe Nordkuppe der Ehrenbürg heißt, die Kirschblüte den Frühling einläutet und die Landschaft in ein duftendes Blütenmeer in Weiß und Zartrosa verwandelt. Allein an den Hängen des Walberla gibt es an die tausend Kirschbäume. Grund dafür sind die gut durchlüfteten Gesteinsschichten. Das lieben die Kirschbäume ebenso wie die intensive Sonneneinstrahlung und die trocknenden Hangwinde.

Die schönsten Fotomotive am Walberla findet man entlang der Feldwege etwa auf halber Höhe des Aufstiegs zwischen **Schlaifhausen** und **Kirchehrenbach**. Ganz oben genießt man einen Panoramablick auf die Kirschdörfer mit ihren weißen Blütenkränzen. Auf dem gut 9 km langen **Pretzfelder Kirschenweg** informieren 15 Schautafeln über den Anbau der Kirsche, der in der Fränkischen Schweiz auf das 11. Jh. zurückgeht. Reif sind die süßen Früchte allerdings erst im Juni, aber rund um das Walberla bieten viele Brennereien Kirschen in ihrer »vergeistigten« Form an. Anfang Mai findet dann zu Ehren der hl. Walpurgis das **Walberlafest** auf dem Hochplateau südlich von Kirchehrenbach statt.

Auch ohne blühende Kirschbäume gibt es viel zu fotografieren. Die hoch über den Fachwerkhäusern aufragenden Felstürme von **Tüchersfeld** zieren fast jedes Titelfoto zur Fränkischen Schweiz. Man besucht sie am besten auf einer gemütlichen Wanderung oder auf einer ebenfalls nicht anstrengenden Radtour auf weitgehend autofreien Wegen. Ausgangspunkt ist **Pottenstein**. Hoch über dem Städtchen thront die über tausend Jahre alte gleichnamige Burg. 1228 war hier die hl. Elisabeth zu Gast, an die noch heute das Elisabethzimmer erinnert. Doch unter Tage ist es in Pottenstein noch spannender: Die **Teufelshöhle** gilt als die größte und schönste »Unterwelt« der Fränkischen Schweiz.

Von Pottenstein ist es nicht weit in den Luftkurort **Gößweinstein**. In der gleichnamigen Burg glaubte Richard Wagner die Gralsburg seines »Parsifal« zu erkennen. Hauptattraktion ist aber die berühmte Gößweinsteiner Basilika Vierzehnheiligen, die Baltasar Neumann zwischen 1730 und 1739 als Wallfahrtskirche neu errichtete. Der prächtige Barockbau aus hellem Sandstein mit machtvoller Zweiturmfassade und feinen Stuckarbeiten birgt bedeutende Kunstschätze, darunter einen imposanten Hochaltar, dessen prunkvoller Aufbau das geschnitzte spätgotische Gnadenbild der Madonna umrahmt.

FESTE UND EVENTS

- **»Walberlafest«** auf dem Hochplateau südlich von Kirchehrenbach (Anf. Mai)
- Zahlreiche **Kirchweihfeste**, darunter etliche in einigen Dörfern rund um Gößweinstein wie Türkelstein, Kleingesee, Hungenberg, Wichsenstein und Leutzdorf (Mai)

HOTELS

Burg Rabenstein
Dieses Burghotel, in dem gerne geheiratet wird, bietet besonders romantische und komfortable Zimmer. Auf den Tisch kommt die herzhafte Küche der Fränkischen Schweiz, und natürlich darf das Ritteressen dabei nicht fehlen.

Rabenstein 33, Ahorntal, Tel. 092 02/970 04 40, www.burg-rabenstein.de, **€€€**

Gasthof Schüpferling
Am Fuß des Walberla erwartet Kirschblütenfans ein echter fränkischer Gasthof mit sieben gemütlichen Doppelzimmern, vorzüglicher Küche und idyllischem Biergarten.

Schlaifhausen 30, Wiesenthau, Tel. 091 99/421, www.gasthof-schuepferling.de, **€**

Die Kirschblüte verwandelt Teile der Fränkischen Schweiz in ein zart duftendes Blütenmeer. Am Walberla macht die Süßkirsche übrigens 75 Prozent des gesamten Obstanbaus aus.

Milos

Kykladen

Die berühmte »Venus von Milos« wollte der kranke Dichter Heinrich Heine sehen, als er das letzte Mal seiner »Matratzengruft« entfloh und sich in den Louvre schleppte. »Ich weinte so heftig, dass sich dessen ein Stein erbarmen musste. Die Göttin schaute mitleidig auf mich herab, doch zugleich so trostlos, als wollte sie sagen: Siehst du denn nicht, dass ich keine Arme habe und also nicht helfen kann?«

Nur eine Handvoll Individualisten sind im März in der türkis schimmernden Bucht von Kléftiko unterwegs.

Die Göttin der Schönheit und der Liebe stammt von einer vulkanischen Insel mit geradezu surreal anmutenden weißen Felsenküsten, heißen Quellen und kristallklarem türkisfarbenen Meer. Schon die Minoer bauten hier den hochgeschätzten Obsidian ab, und noch heute gibt es Bergbau auf der Insel. Daher warten hier nicht nur ein sehenswertes Bergbaumuseum, sondern auch eine Reihe von Gourmetrestaurants mit exzellenter Weinkarte. Die Küste mit ihren etwa 75 Stränden und zahlreichen Unterwasserhöhlen ist einfach spektakulär und ein Paradies für Taucher ohnegleichen.

WARUM JETZT?

Zwar hat der Kykladen-Tourismus auch Milos entdeckt, doch im Frühling geht es hier noch sehr ruhig zu. Ein Muss sind Bootstouren, die im Haupthafen **Adhámas** starten. Die eine folgt der bizarren Westküste, wobei man Stopps an sonst unzugänglichen Badeplätzen wie dem herrlichen Strand von **Kléftiko** einlegt. Die andere schippert hinüber zu den Nachbarinseln **Kímolos** und **Polýaigos**, um die seltenen Mittelmeerrobben zu beobachten. Endemisch und auf den Inseln streng geschützt sind auch die Milos-Viper und die lange Mílos-Mauereidechse.

In Adhámas versammelt das Kirchenmuseum von Ayía Triádha aus dem 9. Jh. eine großartige Sammlung seltener Ikonen. **Klíma** ist das fotogenste der Fischerdörfer mit malerischen Bootshäusern. Doch die weiße, kubistisch wirkende Architektur der Kykladen findet man in **Pláka**, dem Hauptort der Insel. In einem neoklassizistischen Gebäude zeigt das Archäologische Museum Funde aus dem antiken Phylakopi, darunter eine Votivlampe in Form eines Stiers und ein minoisch anmutendes Terrakotta-Idol, die Dame von Phylakopi. Weitere Highlights sind die 200 m tief in das weiche Vulkangestein geschlagenen frühchristlichen Katakomben des attraktiven Dorfs **Trypití** (»durchlöchert«). Gleich oberhalb der Katakomben liegen die Ruinen des antiken **Melos** mit gut erhaltenem römischen Amphitheater. Hier wurde auch die »Venus von Milo« gefunden. Die nahe gelegene, kleine weiß getünchte Kirche Mariä Entschlafung bietet eine der Liebesgöttin würdige Aussicht: Die Lichtstimmungen über der goldglitzernden Ägäis schimmern bei Sonnenuntergang in zarten Pastellfarben. Ins Meer taucht die Sonne aber nie, sie verschwindet hinter dem Peloponnes. Nur der Wind säuselt leise, und ein paar Ziegenglocken bimmeln: Zen-Momente auf Milos.

Vielleicht die schönste Zeit auf Milos sind die **Karwoche** und das **Osterwochenende**. In jedem Dorfkirchlein lebt Byzanz fort, wenn der schwarz gewandete Pope in der Osternacht das »Heilige Feuer« an die Gläubigen verteilt und dazu die erlösenden Worte spricht: »Christos anexi!« »Wahrlich er ist auferstanden!«, antwortet die Gemeinde: Triumph des »Allherrschers«, Christus Pantokrator, über die heidnische und doch so lichte Welt der Aphrodite.

FESTE UND EVENTS

- **Karwoche** (»Megáli Evdomáda«) und **Osterwochenende** (Ende März oder April)
- **»Tag des Heiligen Geists«** in der Kirche Agia Triada in Adhámas (50 Tage nach Ostern)
- **»Tag der Heiligen«** in den Katakomben von Trypití (56 Tage nach Ostersonntag)

HOTELS

- **Eiriana Luxury Suites**
  Sechs luxuriöse Zimmer auf der Ostseite des Dorfes Trypiti mit einem fantastischen Blick auf die Bucht von Mílos.

  Trypiti, Tel. +30/22 87/02 27 30, www.eiriana.com, **€€**

- **The White Hotel**
  Wunderschön designtes Hotel mit palastartigen Zimmern, die in Weiß und Gold gehalten sind. In der Hochzeitssuite mit Balkon und Traumaussicht hätte sich auch Aphrodite verlustiert.

  Adhámas, Tel. +30/69 70/99 12 77, www.whitesuites.gr, **€€**

MAI

Amrum

Die herrliche Lage im Wattenmeer, ein endlos scheinender Sandstrand, das vielleicht schönste Friesendorf der Nordseeinsel, unprätentiöse Strandkultur ohne Promi-Gedöns und jede Menge Geschichten: Amrum versteht es, den Besucher zu verzaubern.

Reetdach, Zwerchgiebel, Ziegelwerk und »Klöntür«: typische Merkmale eines Friesenhauses auf Amrum

Durch die Westerheide führt der Nebeler Strandweg durch ein Wäldchen und Dünen auf den Kniepsand. Mit bis zu anderthalb Kilometern ist er Deutschlands breitester Sandstrand. Zwischen Nebel und Wittdün erhebt sich der 28 m (mit Düne 66 m) hohe, 1875 eingeweihte rot-weiße **Leuchtturm** der Insel, den man besteigen kann, um bei klarem Wetter einen Panoramablick über eine wie hingemalt wirkende amphibische Landschaft aus Wald, Dünen, Marsch, Watt und Sandstrand hinüber nach Sylt, Nordstrand, Pellworm und Föhr zu genießen.

WARUM JETZT?

Weil im Mai das Wetter oft schöner ist als im Sommer, etwas kühler vielleicht, aber sonnig. Die weißblühende Hagebutte »Alba« verzaubert die Gärten, der Flieder duftet himmlisch, und Ende Mai zeigen die friesischen Damen ihre jahrhundertealten Trachten. Aber wie war das mit den Geschichten? In **Nebel**, Amrums schönstem Inseldorf, reden die alten Grabsteine auf dem Friedhof der romanischen, dem Schutzheiligen der Seefahrer geweihten St.-Clemens-Kirche. Selbst dem dänischen König durfte der heimgekehrte Amrumer Harck Olufs erzählen, was ihm in jungen Jahren widerfahren war. Tatsächlich wurde das Schiff »Hoffnung«, auf dem der erst 15 Jahre alte Harck unterwegs war, 1724 vor England von algerischen Piraten überfallen. Harck wird auf dem Sklavenmarkt von Algier feilgeboten und macht in den Diensten des Beys von Constantine Karriere bis zum Oberbefehlshaber der Kavallerie. Nachdem er dessen Armee zur Eroberung von Tunis verholfen hat, wird er zum Dank endlich freigelassen, um nach seiner Rückkehr ein Leben als Familienvater zu führen.

Man musste natürlich schon reich sein, um sich einen so redseligen Nachruf leisten zu können. Ein Kapitän, besonders wenn er vor Grönland auf Walfang ging, brachte nach einem erfolgreichen Jahr ein stattliches Vermögen nach Hause. Auch die damals typischen Schiffe, mit denen die Kapitäne zu See fuhren, sind auf den Grabsteinen abgebildet. Kreuz, Herz und Anker stehen für die christlichen Tugenden Glaube, Liebe und Hoffnung.

Wie in Nebel zahlreiche schmucke Kapitänshäuser mit gepflegten Gärten zeigen, konnten sich die Heimkehrer nicht nur einen Grabstein leisten. Besonders schön ist das 1736 erbaute **Öömrang Hüs** am Waaswai, das Amrums Inselkultur bewahrt. In anderen Friesenhäusern sind heute behagliche Ferienwohnungen, Restaurants und Gartencafés untergebracht. Hier wird auch der berühmte »Pharisäer« serviert: gesüßter Kaffee, brauner Rum und eine Haube aus Schlagsahne. Nach einem ausgedehnten Spaziergang mit viel gesunder, jodhaltiger Luft schmeckt das Getränk besonders gut.

Am **Kniepsand** bauen sich Feriengäste zum Schutz vor Wind und Regen regelrechte Strandbuden aus Treibholz, Fässern, Masten, Plastikplanen und sonstigen, oft bizarren Strandfunden: die Amrumer Alternative zum Strandkorb, die im Herbst die stürmische Nordsee in der Regel einfach wieder abräumt. Von wegen Trutz, blanke Hans!

FESTE UND EVENTS

» **»Friesisches Trachtenfest«** (Ende Mai/Anf. Juni)

HOTELS

» **Appartement Feelgood**
Ideal für Familien geeignet sind diese Ferienwohnungen im Friesenhof Haus Hafis, mit herrlichem Wattblick und großzügigem Wellnessbereich (Sauna, Dampfbad und Solarium).
Uasterstigh 33, Nebel, Tel. 046 82/968 88 47, www.friesenhof.net, **€**

» **Ekke Nekkepenn**
Individuelles, persönlich geführtes Frühstückshotel mit neun Zimmern und Suiten in zentraler Lage.
Waasterstigh 19, Nebel, Tel. 046 82/945 60, www.ekkenekkepenn.de, **€**

MÄRZ
APRIL

Türkische Ägaisküste

Ein wenig skeptisch blicken viele Einheimische schon auf die Touristen, die oft in glühender Mittagssonne über alte Trümmer und Steine klettern. Wie ein Stachel sitzt es im Fleisch der Türken, dass die bemerkenswertesten Sehenswürdigkeiten an der türkischen Mittelmeerküste nun einmal griechischen Ursprungs sind.

Im schmucken Dorf Alaçatı unweit von Izmir wird Muße kultiviert: Ruhe statt Trubel, Genuss statt Konsum.

Immer wieder stößt man hier auf malerische Ruinen, zum Beispiel in Troja, Assos, Milet, Priene, Didyma, Herakleia und Pergamon, dessen mächtiger Zeusaltar seit 1902 im Berliner Pergamonmuseum steht. Hier hat man das Pergament erfunden, hier behandelte der berühmte Arzt Galenus im Asklepieion seine Patienten.

WARUM JETZT?

Weil im April an der türkischen Westküste jetzt die Wildblumen zwischen antiken Ruinen blühen. Das Wetter ist sonnig und warm, das klare Wasser nur für verfrorene Einheimische noch etwas zu frisch. Bis 2025 fällt der islamische Fastenmonat (in der Türkei »Ramazan« genannt) in die Monate März oder April: Einheimische urlauben in dieser Zeit ungern, es geht also besonders ruhig zu. Außerdem bietet der durch enge Kalksteinschluchten und duftende Kiefernwälder schießende **Dalaman-Fluss** bei Marmaris ab April ideale Bedingungen für Wildwasserfahrten. In der Bucht von **Alaçatı** bei Izmir bläst der angenehm kühle »Surferwind« Meltemi zuverlässig.

FESTE UND EVENTS

» Das **»Alaçatı Ot Festivalı«** feiert die unzähligen Kräuter der Ägaisküste, mit vielen kulinarischen Spezialitäten (April).

HOTELS

» **The Marmara Bodrum**
Sehr schickes Hotel auf einem Hügel mit Meerblick. Restaurant, Wellnesscenter und Außenpool sowie mehreren Sportanlagen. Kostenloser Shuttleservice zum Strand.

Yokuşbaşı mah, Sulu Hasan Cd. 18, Bodrum, Tel. +90/252/999 10 10, www.themarmarahotels.com, **€€€**

» **Viento Alaçatı Hotel**
Elegantes Boutique-Hotel in einem osmanischen Steinhaus aus dem 19. Jh. mit farbigen Akzenten. Komfortable helle Zimmer, teils mit Himmelbett und Balkon, Toprestaurant mit Café und Garten mit Außenpool.

Yenimecidiye Mahallesi, Çeşme/İzmir, Tel. +90/232/716 95 85, www.vientoalacati.com, **€€€**

Jetzt ist die Zeit für ausgedehnte Kulturstreifzüge. Keine Siedlung Kleinasiens war prächtiger als **Ephesos**. Die Stadt war der Artemis geweiht, deren Kult ionische Griechen eingeführt hatten. Als ihr Heiligtum 356 v. Chr. abbrannte, bauten die Epheser ihr Artemiseion nur noch prächtiger wieder auf, mit 117 Säulen, jede davon über 18 m hoch: eines der sieben Weltwunder. Da musste sogar der Apostel Paulus kapitulieren, der im Großen Theater von Ephesos vergeblich die Segnungen des Christentums verkündete: Mit Artemis verdiente man auch zur Zeitenwende noch zu gut. Vom Artemiseion ist nichts geblieben, doch ist Ephesos, das unter Kaiser Octavian zur »Leuchte Asiens« aufstieg, noch immer eine der eindrucksvollsten Ruinenstätten am Mittelmeer. Man schlendert über die von Säulenstümpfen gesäumte Arkadiané, die Ephesos einst mit ihrem längst versandeten Hafen verband, bestaunt das Südportal der Agora und die Galerien der Celsus-Bibliothek und sinniert auf den Stufen des Theaters über die berühmten Worte Heraklits aus Ephesos nach: »Alles fließt, alles ist ewig in Veränderung«, und so war auch Ephesos' Glanz vergänglich.

Verschwunden ist auch ein weiteres Weltwunder, das Mausoleum von Halikarnassos, dem heutigen **Bodrum**. Um 353 v. Chr. errichtete Artemisia, Frau und Schwester von König Mausolos, das berühmteste Grabmal der Menschheit: Geblieben sind nur die Grundmauern. Doch in Bodrum interessiert man sich ohnehin mehr für das Leben als für den Tod: Das »türkische Saint-Tropez« gilt noch immer als Treffpunkt der Reichen und Schönen, der Schauspieler und Künstler. Hier tobt das wildeste Nachtleben der türkischen Küste, nirgendwo wird hemmungsloser geflirtet als hier. Schließlich liegt nur gute hundert Kilometer landeinwärts das berühmte **Aphrodisias**, wo man der Liebesgöttin Aphrodite huldigte.

Vesterålen
Norwegen

Sage keiner, in der norwegischen Arktis hätten sie keinen Humor! Fragt ein Tourist auf der Vesterålen-Insel Andøya Ende Mai einen einheimischen Fischer: »Wo kann ich denn hier das Nordlicht sehen?« Antwort: »Setz dich an den Strand, bis die Sonne untergeht!« Hoffentlich hat der Frager viel Proviant mitgenommen. Die Mitternachtssonne scheint hier nämlich vom 23. Mai bis 21. Juli.

»

Klar, dass sich auch Wanderer über die Mitternachtssonne freuen. Wann sonst kann man auf der Insel Andøya mitten in der Nacht losziehen und die Schönheiten der Natur erkunden?

Highlight jeder Walsafari vor Andenes. Es ist schon ein überwältigendes Schauspiel der Natur, wenn ein tonnenschwerer Pottwal aus dem Wasser auftaucht und seine mächtigen Flossen beinahe grazil ausbreitet.

Dabei hatte es der Fischer auf **Andøya** nur gut gemeint. Denn »Strand«, das ist auf der zweitgrößten Insel der Vesterålen eigentlich ein krasses Understatement. Zumindest, wenn es um den **Bleikstranda** geht, ein 2 km langer Traum, der, weil er sich gen Norden richtet, im Sommer Sehnsuchtsziel aller Mitternachtssonnenfans ist. Die fahren dann mit ihren Wohnmobilen von **Harstad** auf einer spektakulären wilden Küstenstraße nach Norden in Richtung **Andenes** zum Midnattsol Camping oder zelten dort. Und warten …

Wenn es am Bleikstranda allzu »voll« wird, und das bedeutet hier »über 20 Menschen«, dann weichen Eingeweihte ein paar Kilometer nach Süden aus, setzen sich auf eine Anhöhe und betrachten die von Felsen eingerahmte Strandbucht von **Høyvika** aus, deren Wasser zwischen Türkis und Kobaltblau changiert. Oder man klettert auf den 408 m hohen »Berg« **Måtinden** und genießt das gesamte Küstenpanorama mit dem Kegel des Vogelfelsens von **Bleiksøya**.

Es kann auch anders kommen, dass man nämlich mit dem Hurtigruten-Postschiff auf dem Weg von Bodø nach Tromsø die schmale Meerespassage zwischen den Lofoten und den Vesterålen passiert und auf der dreistündigen Fahrt zwischen Svolvær und Stokmarknes überhaupt nichts sieht, weil dichter Nebel die Inseln blickdicht verhüllt. Unberechenbarkeit gehört nun mal zum Charme der norwegischen Arktis. Dabei zählt der **Raftsund**, der die Lofoten von den Vesterålen trennt, mit seinem Seitenarm **Trollfjord** zu den spektakulärsten Anblicken Norwegens: Tausend Meter senkrecht steigen im Nordosten von **Austvågøya** die Berge der **Lofoten** in die Höhe. Aber Trolle sind halt manchmal missgünstige Geschöpfe.

WARUM JETZT?

Weil man nur im Frühjahr die **Wale** vor den Küsten der Vesterålen mit **Mitternachtsonne** und **Nordlicht** sehen kann, natürlich nicht im gleichen Monat. Nirgendwo sonst in Europa bricht der Festlandsockel so nahe der Küste in die unendlichen Tiefen des Ozeans ab, und so tummeln sich mächtige Pott- und Buckelwale das ganze Jahr über in Sichtweite der Vesterålen. Die Hafenstadt **Andenes** an der Nordspitze von Andøya ist das Zentrum der Whale-Watching-Touren. Ein kleines Walzentrum mit lebensgroßen Exponaten lädt zum Besuch ein.

Aber wann ist der beste Monat für Whale Watching? In der tief stehenden Mitternachtssonne sind Ende Mai die aus dem Wasser schießenden Buckelwale besonders gut zu erspähen. »Hochsaison« ist aber erst ab Juni. Wer dagegen sehen will, wie sich Orcas in den vom Golfstrom aufgewärmten, nährstoffreichen arktischen Gewässern tummeln, kommt im März. Jetzt im »Frühjahr« ist die Sonne wieder aus dem »Tunnel« gekommen, wie die Norweger die Polarnacht nennen, und taucht die verschneiten Berge in Zartrosa, während Himmel und Meer in Violett und Indigo schimmern. In der Zeit um die Tag- und Nachtgleiche zeigt sich aber auch das Nordlicht besonders häufig. Orcas im flackernden Himmelsfeuer von Chartreuse über Orange bis Lila: nordische Momente für die Ewigkeit.

FESTE UND EVENTS

» **Whale Watching** in Andenes, Orcas mit Nordlicht (im März), Pott- und Buckelwale mit Mitternachtssonne (Ende Mai)

HOTELS

» **Grønnbuene Rorbu Hotel**
Direkt an der Hafenpromenade gelegen, bietet dieses stilvolle Hotel topmoderne Zimmer sowie zwei hübsch umgebaute, grün gestrichene Holzhäuser, die in Apartments unterteilt wurden. Es gibt auch eine Mastersuite mit Jacuzzi auf dem Balkon.

Hamnegata 31, Andenes, Tel. +47/76 14 90 90, www.andeneshotell.no, **€€**

» **Midnattsol Camping**
Der Campingplatz am berühmten Bleikstranda bietet auch Unterkünfte in winterisolierten Hütten (»hytter«) mit Fußbodenheizung, drei Betten, Bad mit Dusche und WC sowie einer kleinen Küche, TV und WiFi. Außerdem gibt es in Bleik eine Reihe von Privatunterkünften.

Gårdsveien, Bleik, Tel. +47/47 84 32 19, www.midnattsolcamping.com, **€-€€**

Natur in Reinform: Im Fischerdorf Bleik auf Andøya, mit Blick auf den vorgelagerten Vogelfelsen Bleiksøya, darf sich der Feriengast auf Abgeschiedenheit und weiße naturbelassene Sandstrände freuen.

Insel Møn
Dänemark

MAI

Gar nicht weit vor Deutschlands schönster Ostseeinsel schimmern fern am Horizont weiße Kreidefelsen der dänischen Insel Møn, die mit bis zu 128 m um einiges höher und mächtiger sind als die berühmten Klippen der Bilder von Caspar David Friedrich. Von Rügens Kap Arkona kann man sie bei klarem Wetter gut erkennen.

Ein Ferienhäuschen auf Møn mit Meer und Kreidefelsen vor Augen bürgt für erholsame Urlaubstage.

In DDR-Zeiten waren diese Aussichtspunkte wohlweislich gesperrt, um »ausreisewillige« Bürger nicht in Versuchung zu führen. Der westdeutsche Literaturnobelpreisträger Günter Grass hat die Insel schon früh entdeckt und verbrachte die meisten seiner Sommerferien in Ulvshale auf Møn, wo er sich in einem alten Bauernhaus mitten im Märchenwald einmietete, gerne Pilze sammelte und von den Einwohnern respektvoll in Ruhe gelassen wurde. Obwohl er offenbar gut Dänisch sprach und der beliebteste und sehr familienfreundliche Strand der Insel mit besonders sauberem und klarem Wasser gleich vor der Haustüre liegt.

WARUM JETZT?

Weil die im Mai leuchtend-gelb blühenden Rapsfelder mit der manchmal wirklich türkisblauen »dänischen Südsee«, dem grünen Buchenwald und den blendend-weißen Kreideklippen der UNESCO Biosphäre **Møns Klint** eine einzigartige Farbsinfonie aufführen. »Jedes Mal finde ich eine Kulisse vor, als sei ich noch nie hier gewesen«, schwärmte 1852 der Märchendichter Hans Christian Andersen von Dänemarks höchster Steilküste.

Auf dem Wanderweg »**Camømoen**«, der sich 175 km über die Inseln Møn, Bogø und Nyord zieht, kann man die ganze Insel abwandern und immer wieder auf runden Sitzbänken eine Rast einlegen. Seltene Pflanzen wie Orchideen begleiten eine Wanderung durch das **Jydelejet-Tal**. Vom **Klinteskoven Wald** führt der Weg zum 143 m hohen **Aborrebjerg** – Dänemarks höchstem »Berg« – mit spektakulärer Aussicht. Immer wieder stößt man auf eindrucksvolle Zeugnisse aus der Jungsteinzeit, darunter die Megalithanlage **Sømarkedyssen Dolmen**.

Spielt das Wetter nicht mit, sorgt das ab April geöffnete GeoCenter in **Borre**, ganz in der Nähe des erstklassigen Campingplatzes Camp Møns Klint, für einen unterhaltsamen Tag mit jeder Menge Indoor-Aktivitäten, darunter eine Fossilien-Ausstellung und ein 3D-Kino. Scheint die Sonne wieder? Am GeoCenter beginnt eine traumhafte Wanderstrecke entlang der **Kreideküste**, die man aber auch auf geführten Ausflügen mit dem Seekajak kennenlernen kann. Die längste Paddeltour rund um die Insel dauert etwa eine Woche. Der Strand des bunten Fischerdorfs **Klintholm Havn** zählt wiederum zu den besten Hotspots für Kitesurfer und Liebhaber von frischem Räucherfisch.

Romantiker zieht es in den **Park Liselund**, den Antoine Bosc de la Calmette für seine Gemahlin Elizabeth »Lisa« erwarb. Umgeben von seltenen Pflanzen und exotischen Pagoden schrieb Andersen hier sein Märchen vom »Kleinen Mädchen mit den Schwefelhölzern«. Die klassizistische Villa gilt als kleinstes Schloss Dänemarks. Oder zu zweit in die Sterne gucken? Die Insel Møn gehört zum »International Dark Sky Park«. Bei klarem Himmel funkeln hier Abermilliarden von Sternen der Milchstraße!

FESTE UND EVENTS

» Im Frühjahr noch keine nennenswerten Events

HOTELS

» **Klintholm Bed & Breakfast**
Zehn Doppelzimmer in reizvoller Lage in der Nähe von Møns Klint, einige mit eigenem Bad. Bar mit Billard, großes gemütliches Wohnzimmer mit Holzofen. Toller Blick von Terrasse und Garten.

Klintholm Havnevej 4, Magleby, Borre,
Tel. +45/55 81 24 50, www.klintholm-bb.dk, **€€**

» **Birkely Bed & Breakfast**
Freundliche Unterkunft im Hauptort Stege in einer Wohnung mit zwei Doppelzimmern in einem Nebengebäude mit eigenem Eingang. Küche sowie separate Toilette und Dusche im Flur werden von beiden gemeinsam genutzt. Garage für Fahrräder. Garten und Sonnenterrasse.

Rødkildevej 23, Stege, Tel. +45/93 84 26 10,
www.sleep.perhave.dk, **€**

Scilly-Inseln
England

Blendend weiße Strände, türkisgrünes Meer, blühende Mimosen, Palmen und Bambushaine: in England? Doch, das gibt es, nur 45 km vor der Südwestspitze von Cornwall, wo der Atlantik wild an die Granitklippen von Land's End brandet. Der Golfstrom ermöglicht dieses kleine subtropische Inselparadies, das über 1800 Sonnenstunden im Jahr aufweist.

Beinahe mediterran mutet die Green Bay auf Bryher an, eine der reizvollsten Buchten der Scilly-Inseln.

Die Isles of Scilly sind die westlichsten Reste des cornischen Granitmassivs und angeblich alles, was vom mythischen Lyonesse geblieben ist – die der Legende nach im 5. Jh. in einer einzigen Nacht im Meer versunkene Heimat des Ritters Tristan. Noch heute soll man bei stürmischem Wetter die Kirchenglocken von **Lyonesse** unter Wasser läuten hören. Dann gestaltet sich die Fährüberfahrt von Penzance nach St. Mary's mit der »RMV Scillonian III« (2,5 Std.) allerdings auch ziemlich ruppig.

WARUM JETZT?

Weil es auf den Scilly-Inseln schon im März verschwenderisch blüht, darunter die duftende »Scilly White«. Das Geschäft mit den Schnittblumen ist heute einträglicher als das der Strandräuberei früherer Zeiten. Lange waren die Inseln, auf denen angeblich schon die Phönizier nach Zinn gesucht haben, der Schrecken aller Seefahrer. Über tausend Schiffe sind in nur 200 Jahren an den Felsen der Scillys zerschellt, und wer den Schiffbruch überlebte, wurde meist von Strandräubern gemeuchelt. Nur fünf der über hundert Inseln und Felsriffe sind bewohnt und touristisch erschlossen. Die unbewohnten Inseln dürfen nur mit Sondergenehmigung betreten werden. Hier brüten ab April die possierlichen Papageientaucher.

Selbst auf der Hauptinsel **St. Mary's** geht es gemächlich zu. Vom Hauptort Hugh Town führt ein schöner Wanderweg an imposanten Felsformationen vorbei zum südlich gelegenen Peninnis Headland. Auf anderen Wanderungen lernt man prähistorische Hütten und Grabanlagen kennen. **Tresco**, die zweitgrößte Insel, ist wegen ihrer herrlichen Sandstrände und des subtropischen, ab 1834 angelegten Abbey Garden ein beliebtes Ausflugsziel. Hier wachsen Bambus, Bananen, Agaven, Zimtbäume und Palmen: insgesamt über 5000 subtropische und exotische Pflanzen, vom dunkelroten kanarischen Rosettendickblatt über die blaue chilenische Puya bis hin zum südafrikanischen Silberbaum.

FESTE UND EVENTS

» **»Scilly Walks«**, von Inselexperten geführte Wanderungen (ab Anf. April).

HOTELS

» **Star Castle Hotel**
Elegante Zimmer in einer Burg, die einen gefürchteten Angriff der spanischen Armada abwehren sollte. Mit erstklassigem Restaurant, Hallenbad und einem großartigen Inselpanorama.

Garrison Walls, St. Mary's, Tel. +44/17 20/42 23 17, www.star-castle.co.uk, **€€€**

» **Karma St. Martin's**
Das Hotel bietet eine traumhafte Lage, geschmackvoll eingerichtete Zimmer, Gourmetküche und einen beheizten Pool.

Lower Town, St. Martin's, Tel. +44/17 20/42 23 68, www.karmagroup.com, **€€**

Die wohl schönsten Sandstrände hat **St. Martin's** zu bieten. Glücklich, wer hier eine Unterkunft ergattert, aber im März ist die Chance um einiges höher. Besonders ruhig geht es auf **St. Agnes** zu. Hier sorgen höchstens Sturmvögel, Kormorane, Sturmtaucher und Möwen für Lärm. Für Unterhaltung zuständig ist Turk's Head, ein wunderschöner Pub (der südlichste Großbritanniens). Hier schmecken Schwertfisch und »crabcakes«, während man die Modellschiffe und Seefahrerfotos an den Wänden bewundert. Gut möglich, dass ein »Scillonian« hier plötzlich alte Shantys singt, und übernachten kann man auch. Auf den St. Agnes vorgelagerten **Western Rocks** tummeln sich viele Seehunde. Bei Ebbe kann man über eine Sandbank zur unbewohnten Insel **Gugh** hinüberlaufen, auf der Überreste prähistorischer Siedlungen erhalten sind. Wer es besonders wild mag, setzt nach **Bryher** über, wandert wie Wordsworth »lonely as a cloud« über Heide- und Moosflächen und genießt stürmische Felsenküsten im Norden und idyllische Sandstrände im Süden: manchmal ganz allein.

Forêt de Brocéliande

APRIL

Bretagne

»Or dist li contes …« , so beginnen viele Episoden aus dem größten Liebesroman des Mittelalters: die Anfang des 13. Jh. auf über 3000 Seiten niedergeschriebene Geschichte von Lancelot und Ginover. Im bretonischen Wald von Brocéliande, dem 7000 ha großen letzten Rest der einst riesigen Forêt de Paimpont westlich von Rennes, spielen zahllose Geschichten rund um die »Artussage«.

Wen würde es wundern, wenn in diesem verwunschenen Wald plötzlich Viviane, die »Herrin vom See«, auftauchte?

Zwei Feen, Viviane und Morgane, wohnen in diesem Zauberwald mit seinen bemoosten Dolmen, einsamen Moorlandschaften und geheimnisvollen Teichen. Im **Château de Comper** hat man ein Arthurisches Zentrum eingerichtet. Es liegt an jenem verzauberten See, auf dessen Grund Viviane in einem von Zauberer Merlin errichteten Kristallpalast Lancelot du Lac aufzog. Er wurde zum vortrefflichsten Ritter der Tafelrunde, den seine Herrin Ginover, die Gemahlin von König Artus, zu den strahlendsten Heldentaten motivierte.

WARUM JETZT?

Weil im Frühjahr das Zartgrün des Waldes besonders romantisch ist. Wie verwunschen wirkt der kleine Teich **Miroir aux Fées**, der Feenspiegel am Eingang des Tals. Es ist Frühjahr, als Lancelot, wieder einmal an den Launen seiner Geliebten verzweifelnd, in Brocéliande herumirrt und in den »Wald der falschen Liebhaber« kommt. Hier lässt Morgane, die lüsterne Gegenspielerin der keuschen Viviane, untreue Ritter und Edelfräulein in einem Zauberkreis tanzen, bis Lancelot den Bann bricht. Im besonders romantischen **Val sans Retour**, dem »Tal ohne Wiederkehr«, verbringt Lancelot, der sich den erotischen Gelüsten Morganes verweigert, später Jahre in einem Feengefängnis, das er mit Episoden seiner Liebe zu Ginover ausmalt. Da erblüht eines Tages – natürlich ist es wieder Frühling – vor seinem Fenstergitter eine taufrische Rose. Allzu schmerzlich erinnert sie ihn an seine schöne Königin. Mit übermenschlichen Kräften biegt er die Gitter seines Kerkers auseinander, um die Rose zu küssen. So kommt er frei: Die reine, in der Rose verklärte Liebe hat den Bann Morganes gebrochen.

Die winzige Église St-Graal im nahen **Tréhorenteuc** schmücken tatsächlich Wandmalereien mit Episoden aus der »Artussage«. Geschaffen haben sie zwei deutsche Kriegsgefangene. Sie erfüllten den Wunsch von Pfarrer Henri Gillard, der von der Grals-Sage besessen war. Lancelots Malereien hatten im Prosaroman des 13. Jh. fatale Konsequenzen. Morgane führte König Artus in das Gefängnis und öffnete ihm so die Augen über die Untreue seiner Frau und seines besten Ritters. Der Untergang der Tafelrunde war gekommen.

Auch andere Orte im Wald von Brocéliande, durch den ein 70 km langer Wanderweg führt, sind mit der »Artussage« verknüpft. Zauberkräfte besitzt die **Fontaine de Barenton**, an der sich ein buntes Völkchen von Esoterikern trifft. Auf dem benachbarten Findling saß Zauberer Merlin, als er sich in Viviane verliebte. Benetzt man den Stein mit Quellwasser, wie es der Löwenritter Yvain in dem altfranzösischen Versroman von Chrétien de Troyes tat, löst das ein schlimmes Unwetter aus. Dann reitet ein Ritter mit schwarzem Wappen herbei, um den Frevler zu strafen. Nachahmer seien gewarnt!

FESTE UND EVENTS

- **»La Pentecôte du Roi Arthur«:** Mit diesem Fest wird die Krönung von König Artus in Paimpont gefeiert: mit Ritterturnieren und entsprechend gewandeten »Dames et Chevaliers« (Pfingsten).
- **»Fête de la Bretagne«**, großes Fest in Nantes mit Konzerten, Ausstellungen, Straßenkunst sowie Ess-Ständen mit regionalen Spezialitäten (Mai, www.fetedelabretagne.bzh)

HOTELS

- **La maison des Légendes**
  Geschmackvolle, 2019 renovierte Unterkunft im ältesten Haus von Paimpont mit sieben Apartments für zwei bis sechs Gäste.

  1-1, bis rue des Forges, Paimpont, +33/682 90 98 52, www.maisondeslegendes.fr, **€€**

- **Le Relais de Brocéliande**
  Nette Unterkunft in Paimpont unweit des Sees mit Spa, Terrasse und Restaurant, das Wild- und Fischgerichte serviert.

  5, rue des Forges, Paimpont, Tel. +33/299 07 84 94, www.le-relais-de-broceliande.fr, **€€**

MÄRZ

Israel

Kleines Land ganz groß: Nur eine Autostunde trennen die biblischen Stätten und orthodoxen Viertel Jerusalems von den Wolkenkratzern, Surfbrettern und Bikinis am Strand von Tel Aviv. In Galiläa locken verfallene Kreuzritterburgen, grüne Wälder und der türkisfarbene See Genezareth, im Osten die bizarren Wüstenlandschaften am Toten Meer.

»

Von der Abendsonne in flüssiges Gold getaucht: der Felsendom mit seiner markanten Kuppel auf dem Tempelberg in Jerusalem, im Vordergrund die Klagemauer.

Nach der Regenzeit zeigt die israelische Negev-Wüste ein anderes Gesicht. Samen, die lange im Sand geschlummert haben, treiben aus und verwandeln das karge Gebiet für kurze Zeit in eine blühende Landschaft.

Felsendom und Tempelberg, Klagemauer und die Basare der Altstadt von **Jerusalem** zählen ebenso zu den klassischen Attraktionen des Landes wie ein Abendspaziergang durch das alte **Jaffa** am Meer mit seinen Ruinen aus der Kreuzfahrerzeit, seinen Minaretten, Galerien, Geschäften, Cafés und Gourmetrestaurants.

WARUM JETZT?

Eigentlich ist der Frühling ja keine Nebensaison in Israel. Aber der internationale Tourismus konzentriert sich auf die Karwoche in Jerusalem. Also einfach etwas früher kommen! Bis Anfang März läutet nämlich »Darom Adom«, das »Roter Süden«-Festival, im nordwestlichen Teil der **Negev-Wüste** die Wildblumenblüte in Israel ein und feiert die wunderschöne scharlachrote Anemonenblüte, die dann bis April den **Shokeda-Wald** mit einem leuchtend roten Teppich bedeckt.

Je üppiger der Winterregen ausgefallen ist, umso verschwenderischer präsentiert sich Israels Natur. Im **Duda'im-Wald** bei Beersheva dominiert Mitte März die Gilboa-Schwertlilie, eine selten gewordene Iris, die bildschönen Buschlandschaften und Berghänge. Auch die exotische schwarze Negev (oder Judäische) Iris wächst in der Nähe von **Beersheva**.

Im **Ramot Menashe Park** bei Tal Shahar in der Nähe von Megiddo überziehen Teppiche von Alpenveilchen in Schattierungen von Weiß bis Dunkelrosa die Landschaft. Sie werden auch »Salomons Feuer« genannt, weil sie wie Flammenbüschel aussehen, die aus Felsen emporschießen. Eine örtliche Legende will wissen, dass König Salomo das

Alpenveilchen als Modell für seine Krone verwendete. Zu **Emek HaNarkisim**, dem Tal der Narzissenblüten nördlich von Tel Aviv, fällt bibelfesten Besuchern natürlich sofort das Hohelied Salomos 2 1 ein: »Ich bin die Lilie des Scharon, / die weiße Blume der Täler.«

Auch der **Berg Carmel Nationalpark**, gerne »Little Switzerland« genannt, kleidet sich im März und April in bunte Farben. Dann leuchten die Lupinen und die ungewöhnlich großen, gelb-braun gestreiften Tigertulpen. Südlich von Nazareth blüht rund um den Berg **Gilboa** die violette Schwertlilie, während bei **Beit Shemesh** im Elah-Tal südwestlich von Jerusalem wieder rote Anemonen und lila Lupinen wachsen.

Rund um das **Tote Meer** regnet es besonders selten, aber wenn, dann sprießen in dieser knochentrockenen Gegend zwischen **Qumran** und **Ein Gedi** Blumen, die manchmal jahrzehntelang nicht mehr zu sehen waren. Mit begeisterten Botanikern aus aller Welt muss man diese Pracht dann schon teilen. Am spätesten, dafür aber mit Sicherheit, blüht es auf den **Golanhöhen**, der kühlsten Region. Ende März bis Anfang April findet man hier sechs oder sieben Arten von Schwertlilien sowie Tulpen und Orchideen.

Wildblumenfans sollten nur zwei Regeln beachten: nie am Freitag oder Samstag losziehen und niemals eine Blume pflücken! Und die zweite Regel ist tatsächlich eine der wenigen, die alle Menschen in Israel befolgen.

FESTE UND EVENTS

- **»Darom Adom«** im nordwestlichen Teil der Negev-Wüste – Be'er Marva, Wälder von Dvira, Shokda, Be'eri sowie Ruhama (bis Ende Feb./Anf. März)
- Das **»Purimfest«** gedenkt der Errettung des jüdischen Volkes aus drohender Gefahr in der persischen Diaspora, es wird am 14./15. Tag des Monats Adar des jüdischen Kalenders gefeiert (März).
- Muslime feiern mit **»Lailat Al Miraj«** die Himmelfahrt des Propheten Mohammed (meist März).
- **»Pessachfest«**. Es erinnert an den Exodus der Israeliten aus der Knechtschaft Ägyptens (März/April).

HOTELS

Bat Galim Boutique Hotel

Schickes kleines Hotel in Strandnähe, tolles Frühstück, freundlicher Service. Ideales Standquartier für Ausflüge in die Wildblumenregion.

Yonatan St 10, Haifa, Tel. +972/733 74 55 48, www.bgbh.co.il, **€€**

The Negev Hotel By Domus

Schönes neues, komfortables Hotel, perfekt für Ausflüge in das Wildblumengebiet.

HaAtzmaut 26, Be'er Sheva, Tel. +972/586 61 28 46, www.negevhotel.co.il, **€€**

Zur Zeit seiner Gründung war Tel Aviv ein Vorort der Hafenstadt Jaffa. Wenn man heute in den Hafen von Jaffa einfährt und die Skyline Tel Avivs am Horizont bestaunt, wird deutlich, wie sich die Verhältnisse geändert haben.

MÄRZ

Parque Nacional Los Glaciares, Argentinien

Argentiniens tiefer Süden ist eine Wildnis: Wie von Kinderhand gemalte, verwegen gezackte himmelsstürmende Felszinnen und Gletscherlandschaften, deren Eisabbrüche in einen türkisblauen See donnern, prägen den Parque Nacional Los Glaciares. Der knapp 4500 km² große Nationalpark im argentinischen Teil Patagoniens wurde zum Weltnaturerbe der UNESCO erklärt.

Am Fuß des mächtigen Monte Fitz Roy liegt der smaragdgrüne Gletschersee Laguna de los Tres.

Der unbestrittene Star im südlichen Abschnitt des Parque Nacional Los Glaciares ist der von Bergen gesäumte **Glaciar Perito Moreno**, nicht nur, weil er so leicht zugänglich ist, sondern wegen seiner majestätischen Schönheit. Bei einem »ruptura« genannten Abbruch stürzen riesige Eisbrocken mit Grollen und Getöse in den **Canal de los Témpanos**. Wo ihr Eis bereits extrem komprimiert, also sehr alt ist, schimmern die im Kanal treibenden, abschmelzenden Gletscherstücke in unwirklichen Blautönen. Konkurrenzloser Star des nördlichen Parkabschnitts ist die grandiose Berglandschaft des Fitz-Roy-Massivs. Das einzigartige Panorama der beiden Hauptberge Cerro Fitz Roy und Cerro Torre kann man auch ohne anstrengende mehrtägige Touren vom rasch wachsenden Touristendorf El Chaltén aus genießen.

WARUM JETZT?

Weil die magellanischen Südbuchenwälder im März, der hier natürlich Herbst bedeutet, eine unglaubliche Farbexplosion hinlegen. Auch die Heidelandschaft färbt sich rot. Das Wetter ist ebenfalls oft beständiger als im höchst launischen patagonischen »Sommer«, und die vielen Touristen aus Argentinien, Chile und Brasilien sind längst heimgekehrt. Bis Ostern sind aber noch alle Unterkünfte und Schutzhütten geöffnet, die man nun nicht mehr lange vorausbuchen muss. Auch die Preise sinken jetzt beträchtlich.

In **El Chaltén**, das etwa 90 km westlich der durch ganz Patagonien führenden Ruta Nacional 40 in der windigen patagonischen Steppe liegt, geben sich Elitekletterer und Wanderlustige aus aller Welt ein Stelldichein. Wer nur wenig Zeit hat, kann von El Chaltén aus eine dreistündige Halbtagestour zur **Laguna Capri** unternehmen, die – mit entsprechendem Wetterglück – bereits traumhafte Landschaftseindrücke bietet. Nicht ohne Grund nannten die Tehuelche den oft wolkenumhüllten Fitz Roy »Chaltén« (Rauch spuckender Berg). Umso mehr weiß man jeden Sonnenstrahl zu schätzen, der die zerklüfteten Granitwände am Morgen in magisches Licht taucht.

Das vielleicht schönste Panorama der gesamten Region eröffnet die siebenstündige Wanderung zur schmalen Gipfelkuppe **Loma del Pliegue Tumbado** (1535 m). In den Lüften kreisen Kondore, vielleicht erspäht man auch die falkenartigen Greifvögel Karakaras sowie echte Falken, Blaubussarde, Eulen, Smaragdsittiche und Magellanspechte. Bei klarem Wetter schweift der Blick zur **Laguna Torre** und zu den **Felsnadeln** von Cerro Torre, Torre Egger und Cerro Standhardt, doch auch der **Fitz Roy** setzt sich machtvoll in Szene. Im Südosten rückt das mächtige Gipfelplateau des **Cerro Solo** ins Bild. Wer frühmorgens aufbricht, hat den Ausblick oft fast für sich allein.

FESTE UND EVENTS

» Das einzige Fest zu dieser Zeit ist die Farbexplosion der Wälder!

HOTELS

» **Los Cerros**
El Chalténs luxuriöseste Unterkunft ist ein rotes Gebäudeensemble auf einem Plateau oberhalb des Ortszentrums. Höchst komfortable 34 Zimmer in warmen Rottönen mit Riesenbetten. Bäder mit Whirlpool, kleiner Spa, fabelhafter Blick aus Panoramafenstern über das Tal des Río de las Vueltas. Exquisites Restaurant mit vorzüglicher Weinkarte.

San Martín 260, El Chaltén, Tel. +54/11/54 60 02 13, www.loscerrosdelchalten.com.ar, **€€€**

» **Nothofagus Bed & Breakfast**
Himmelblaues Haus mit sieben hellen Zimmern, einige mit Privatbad und tollem Ausblick auf das Fitz-Roy-Massiv. Das schönste ist das Doppelzimmer im obersten Stock. Deko mit viel Holz und Mapuche-Wandteppichen. Mit dem Umweltsiegel der Gemeinde ausgezeichnet.

Calle Hensen, esq. Riquelme, El Chaltén, Tel. +54/29 62/49 30 87, www.nothofagusbb.com.ar, **€-€€**

Costa de la Luz

Andalusien

Andalusien, das ist ein Fest für alle Sinne! Schon die Farben berauschen: blendendweiße Dörfer, kunterbunte maurische Kacheln mit verschlungenen Mustern, ein silbrig glänzender Ozean, der abends in Orange- und Rottönen explodiert. An der endlosen »Küste des Lichts« mischt sich die salzige Luft des Atlantiks mit dem würzigen Aroma der Pinien.

»

Zwei Größen an der Costa de la Luz: der imposante Leuchtturm am Kap Trafalgar und der 2,7 Kilometer lange Sandstrand Caños de Meca

Barbate ist das Zentrum der Thunfisch-Verarbeitung. Der begehrte »rote« Thunfisch wird nach alter andalusischer Tradition zerlegt und auf Auktionen versteigert; etwa 75 Prozent des Fangs werden nach Japan exportiert.

Dazu kommt der Geschmack von unvergleichlich frischem Thunfisch und eines trockenen Manzanilla-Sherrys auf der Zunge, der Klang von Gitarren, Kastagnetten und Flamenco der Gitanos. All das ist andalusische Lebensfreude pur. In **Cádiz** findet man einige der besten Tapas-Lokale Spaniens. Doch auf dem »tapeo«, wie die Spanier den allabendlichen Streifzug durch ihre Lieblingslokale nennen, geht es nicht nur ums gute Essen, hier wird auch geflirtet, was das Zeug hält. An der Atlantikküste genießt man das »andere« Andalusien: ohne Gedränge, mit viel frischem Wind, Freiheit und Gaumenfreuden. Dafür sorgt auch eine junge Gastroszene, die den Thunfisch als kulinarisches Erlebnis feiert. Denn das Fleisch des Blauflossen-Thunfischs schmeckt unvergleichlich süß und zart. Und der Weißwein der »Tierra de Cádiz« passt dazu perfekt.

WARUM JETZT?

Weil im Frühling hier wirklich die große Freiheit angesagt ist! Dann sorgen die Winde »Levante« und »Ponente« für hohe Surferwellen und blähen die Segel der Kitesurfer. Für Feinschmecker noch wichtiger: Ende April bis Anfang Mai findet in **Barbate**, Andalusiens Thunfisch-Hochburg, die »Semana Gastronomica del Atun« statt: Fünf Tage lang dreht sich alles um den Thunfisch: Kochshows, flankiert von Musik, Paraden und Tanzdarbietungen.

Jedes Jahr im April, nach dem ersten Vollmond, errichteten Fischer aus den Dörfern an der Costa de la Luz ein kompliziertes Labyrinth von Netzen vor der Atlantikküste, die sogenannten Almadraba, um den begehrten Blauflossen-Thunfisch (»atún rojo«) zu fangen, den wilden Roten Thunfisch. Erfunden haben dieses nachhaltige raffinierte Verfahren schon die Phönizier. Die Netze sind genau in dem Meeresabschnitt unweit der **Straße von Gibraltar** positioniert, durch den der Thunfisch in Schwärmen zieht. Der Thunfisch schwimmt durch verschiedene Teile der grobmaschigen senkrechten Netze, bis er schließlich am Ende des Netzlabyrinths in einer großen Kammer gefangen wird. Die letzte, unten geschlossene Netzkammer wird dann mit Seilwinden angehoben (die »levantá«), und die erfahrenen Fischer wählen die größten Exemplare aus. Schwerstarbeit! Dann senkt man das Netz wieder ins Meer hinab (die »bajá«). Warum dieses Verfahren so nachhaltig ist? Nur der Thunfisch wird gefangen, kein anderer Fisch, und nur die größten Exemplare. Alle anderen landen wieder im Meer. Es gibt keine Verschwendung und keine Überfischung – die Fischer wissen genau, welche Exemplare sie wollen; es gibt eine strenge Quote, und es liegt nicht in ihrem Interesse, sie zu überschreiten. Auch getötet wird der Thunfisch schmerzfrei.

Beim Blauflossen-Thunfisch geraten Liebhaber von Sushi und Sashimi regelrecht in Ekstase, nicht nur in Japan, wohin der Fang zum größten Teil tiefgefroren exportiert wird. Doch was den Japanern nicht vergönnt ist: In Andalusien vergehen im Mai nur wenige Stunden, bis der rohe Thunfisch fangfrisch und ohne vorher eingefroren worden zu sein auf den Tellern der Restaurants zwischen Tarifa und Cádiz landet. Und das relativ preisgünstig!

FESTE UND EVENTS

» **»Semana Gastronómica del Atún de Barbate«**
(Ende April-Anf. Mai)

HOTELS

» **Hipotels Gran Conil Hotel & Spa**
Hier dominiert ein moderner, minimalistisch inspirierter Chic mit Glasfront und dezenten hellen Farben. Alle Zimmer verfügen über Balkon oder Terrasse. Restaurant mit reichhaltigem andalusischen Büfett, große, überdachte Terrasse, Loungebar mit Sherry-Verkostung, Flamenco-Shows, Spa mit Sauna, Dampfbad und beheiztem Indoor-Pool für kühlere Frühlingstage.

Calle Pleamar 2, Conil de la Frontera,
Tel. +34/856/90 50 00, www.hipotels.com/hoteles/granconil, **€€€**

» **Hostal La Ilusión**
Schlichte preiswerte Unterkunft mit Garten am Strand von Palmar, etwa 5 km außerhalb von Conil. Ideal für Surfer. Gutes Restaurant.

Avenida de la Playa, El Palmar de Vejer,
Tel. +34/956/23 23 98, www.andaluciasur.com/lailusion, **€**

Von der Torre Tavira bietet sich die beste Aussicht über die Dächer von Cádiz. Mittendrin und unübersehbar ragt die im 18. Jahrhundert erbaute Kathedrale Santa Cruz sobre el Mar mit ihrer sonnengelben Kuppel auf.

APRIL

Bodensee

In manchen Lindauer Gärten wachsen sogar Kiwis, so mild ist hier das Klima. Besonders üppig blüht es in den Gärten der Gründerzeitvillen von Bad Schachen auf dem Festland und nirgendwo in Bayern früher im Jahr. Dass man den Bodensee schon in der Steinzeit schätzte, beweisen die rekonstruierten Pfahlbausiedlungen in Unteruhldingen aus der Zeit zwischen 4000 und 850 v. Chr.

Vom Kirchenschiff des Münsters in Konstanz liegt dem Betrachter der glitzernde Bodensee zu Füßen.

Wie komfortabel lebte es sich dagegen vor 500 Jahren schon in **Überlingen**! Die geradezu mediterran wirkende einstige Freie Reichsstadt prägen prächtige Bürgerhäuser aus dem 16. und 17. Jh. Auch in der im Bodensee gelegenen Altstadt von **Lindau**, gerne »Bayerisches Venedig« genannt, säumen alte Staffelgiebelhäuser die malerischen Gassen, und an der Maximilianstraße reiht sich ein schönes Patrizierhaus mit Erkern, Fachwerk und Laubengängen an das nächste. Eher mittelalterlicher Charme (und exzellenter Wein) prägen **Meersburg** mit seiner Kette von Fachwerkhäusern in der Steigstraße. Im barocken Schloss residierten 300 Jahre lang die Konstanzer Fürstbischöfe, im »Fürstenhäusle« machte Annette von Droste-Hülshoff »ein kleines Paradies aus dem Nestchen«. Auch **Konstanz** hat sich sein mittelalterliches Stadtbild mit vielen Türmen, Giebeln und Arkaden weitgehend bewahrt.

WARUM JETZT?

Weil die Obstblüte schon ab Anfang April die Landschaft rund um den Bodensee in ein weiß-rosafarbenes Blütenmeer taucht, und das vor der Kulisse noch verschneiter Alpengipfel. Zuerst erblühen die Aprikosen-, Zwetschgen- und Kirschbäume, einige Tage später folgt die Birnen- und Apfelbaumblüte. Eine herrliche Zeit, die Bodenseeregion auf einer Radtour oder einer Wanderung durch die Streuobstwiesen zu genießen, am besten auf dem **Panorama-Blütenweg** entlang der Steiluferlandschaft zwischen Sipplingen und Ludwigshafen. Im schweizerischen **Thurgau** gibt »Madame Bluescht« telefonisch Auskunft über den aktuellen Stand der Blüte.

Die **Bodenseeschifffahrt** hat ihren Dienst bereits aufgenommen. Auf der **Insel Mainau** blühen im April schon eine Million Tulpen, aber auch Schloss-, Bauern- und Klostergärten öffnen ihre Tore für Besucher. Auf der »Klosterinsel« **Reichenau**, deren auf karolingische Zeit zurückgehenden Kirchen faszinierende romanische Wandmalereien aufweisen, wurde die erste europäische Abhandlung über den Gartenbau geschrieben. Davon eine Menge verstanden hat auch Hermann Hesse, der sich 1907 in **Gaienhofen** am Nordufer des **Untersees** eine Villa baute. Hesses Öko-Garten ist heute eine Idylle, die von der Familie Eberwein liebevoll gepflegt und von zahlreichen Hesse-Pilgern abgelichtet wird.

Wo im Frühjahr schon die Bienen summen, kann der »Honigschlecker« nicht weit sein. Man trifft die berühmte Puttenfigur am Altar des hl. Bernhard von Clairvaux in der **Wallfahrtskirche von Birnau**. Wie eine rosa schimmernde Vision thront die schönste Rokokokirche des gesamten Bodenseeraums hoch über dem See inmitten von Weinbergen. Eigentlich müsste man im Herbst wiederkommen. Auch dann ist Nebensaison.

FESTE UND EVENTS

- Zahlreiche **Blüten- und Frühlingsfeste** in den Orten rund um den Bodensee (www.bodenseegaerten.eu)
- **»Internationales Bodenseefestival«** mit Orchester-, Kammer- und Orgelkonzerten, Theater, Ballett und Literatur (Mai, www.bodenseefestival.de)
- **»Internationale Bodenseewoche«** in Konstanz mit maritimem Flair (Juni, www.internationale-bodenseewoche.com)

HOTELS

- **Hotel Bären Meersburg**
  Der Hotel-Gasthof wurde bereits um 1250 gegründet und 1605 erweitert. Den Gast erwarten Zimmer mit viel Flair und eine gemütliche Gaststube mit guter Küche.

  Marktplatz 11, Meersburg, Tel. 075 32/432 20, www.baeren-meersburg.de, **€€**

- **Hotel Pilgerhof und Rebmannshof**
  Das zwischen Birnau und Unteruhldingen gelegene Hotel bietet komfortable und beschauliche Unterkunft. Traumhafte Seeterrasse mit Biergarten.

  Birnau-Maurach 2, Uhldingen-Mühlhofen, Tel. 075 56/93 90, www.hotel-pilgerhof.de, **€**

MÄRZ

Lago Maggiore
Schweiz/Italien

Kenner nähern sich dem »großen See« auch heute noch über die alte Gotthard-Passstraße, um den Übergang vom Hochgebirge in das schon mediterran geprägte Tessin zu genießen. Vom Aussichtsgipfel des Giübin (2776 m) schweift ein letzter Blick zurück auf die Viertausender des Berner Oberlands, während im Süden schon die Verheißung Italiens wartet.

Beliebter Anlaufpunkt auf der Isola Bella: der Palazzo Borromeo mit seinem bezaubernden Garten

Besonders während des samstäglichen Wochenmarkts bietet die perfekt restaurierte Altstadt von **Bellinzona** mit ihren malerischen Laubengängen einen Vorgeschmack auf die Lombardei. Oberhalb der Stadt haben die Mailänder Herzöge Visconti gleich drei großartige spätmittelalterliche Befestigungsanlagen errichtet: ein Weltkulturerbe. Noch einige Kilometer, dann ist sie erreicht, die »nördlichste Bucht des Mittelmeers«.

WARUM JETZT?

Schon im März zieht der Frühling mit der Kamelienblüte in **Locarno** ein. Im wettergeschützten Städtchen am Nordende des Lago Maggiore blühen dann auch schon Azaleen, Mimosen und Magnolien. Oleander, Palmen, Mandel, Feigen- und Olivenbäume sorgen ebenfalls für südliches Flair. Elegante Arkadenhäuser säumen die Piazza Grande von Locarno. Über Stadt und See leuchtet die Kirche Madonna del Sasso in der violetten Abenddämmerung wie ein ockergelbes Märchenschloss. Auf der Uferpromenade genießen Spaziergänger eine der 2300 Sonnenstunden in der wärmsten Stadt der Schweiz.

Im benachbarten **Ascona** traf sich ab der Jahrhundertwende ein buntes Völkchen nordländischer Utopisten. Eine schattige Allee führt zur Kirche Santa Maria della Misericordia, die mit herrlichen Fresken aus dem 15. und 16. Jh. ausgeschmückt ist. Wunderschön ist auch das 1519 geschaffene Mehrtafelbild des Hochaltars mit einer Maria, die ein Goldsterngewand kleidet. Eines der schönsten Uferpanoramen bietet das frühere Künstlerdomizil **Ronco sopra Ascona**, in dem sich einst Erich Maria Remarque niederließ. Paul Klee und Karl Schmidt-Rottluff malten hier.

Einige Kilometer weiter südlich hämmerten in **Brissago**, dem letzten Ort vor der italienischen Grenze, Anfang der 1930er-Jahre Erich Kästner und Kurt Tucholsky in ihre Schreibmaschinen. Draußen auf dem See führte die exzentrische Baronin Antonietta de Saint-Léger auf den skandalumwitterten **Isole di Brissago** im Fin de Siècle ein ausschweifendes Leben. Die exotischen Gärten locken heute viele Besucher auf die **Isola Grande**, während die seltenen subtropischen Pflanzen auf der kleineren **Isola S. Apollinare** ungestört gedeihen können. Auf der im italienischen Teil des Sees gelegenen **Isola Bella**, die man per Schiff von Stresa erreicht, bieten der Palazzo Borromeo und seine Gärten ein Highlight barocker Kunst sowie eine Fülle exotischer Blumen, Bäume und Obstsorten.

Wer lieber die stillen Seiten des Lago Maggiore genießen möchte, geht am nordöstlichen Ufer rund um **Magadino** wandern. Schon der berühmte Fußgänger Johann Gottfried Seume machte hier auf der Rückkehr von seinem »Spaziergang nach Syrakus« halt. Herrliche Wanderungen führen vom Seeufer auch in die engen Tessiner Bergtäler. Besonders schön ist das **Valle Verzasca** im Norden von Locarno. Hier hat die tiefblau und smaragdgrün schimmernde Verzasca eine glatt geschliffene Gneislandschaft mit herrlichen Bademöglichkeiten geschaffen, schon im Frühling.

FESTE UND EVENTS

» Auf der Westseite des Sees finden **»Kamelienfeste«** statt, besonders in Locarno, Cannero und Verbania (März).

HOTELS

» **Hotel Arancio**
Das Hotel mit komfortablen Zimmern und großem Pool liegt oberhalb der Seeuferstraße und bietet einen herrlichen Blick auf die Brissago-Inseln.

Via Collinetta 78, Ascona, Tel. +41/91/791 23 33, www.arancio.ch, **€€€**

» **Pensione Olanda**
Charmante preiswerte Unterkunft mit südländischem Garten und grandiosem Ausblick.

Via ai Monti 139a, Locarno-Monti, Tel. +41/91/751 47 27, www.pensione-olanda.ch, **€€**

Norddalmatien
Kroatien

Die Küste Norddalmatiens hat viel zu bieten. Längst aus dem Schatten der weiter südlich gelegenen Städte Split und Dubrovnik getreten sind das vor bald 3000 Jahren gegründete Zadar, dessen autofreie Altstadt ungemein malerisch auf einer Landzunge ins Meer hinausragt, sowie die mittelalterliche Königsstadt Šibenik. Der Küstenabschnitt zwischen beiden Städten gilt als »Land der tausend Buchten«.

Nur wenige Seemeilen trennen Ugljan von der Hafenstadt Zadar. Kein Wunder, dass die Insel ein beliebtes Naherholungsgebiet für die Bewohner Zadars ist.

Die Krka-Wasserfälle im gleichnamigen Nationalpark, Drehort von mehreren Karl-May-Filmen: In dieser von der Natur reich gesegneten Landschaft kämpften schon die Blutsbrüder Winnetou und Old Shatterhand Seite an Seite.

Mittelalterliche Kirchen und Renaissancebauten prägen das Stadtbild von **Zadar**. Um die leuchtende Abendstimmung an der Uferpromenade gebührend zu würdigen, hat der kroatische Architekt Nikola Bašić das Denkmal »Der Gruß an die Sonne« geschaffen, eine 22 m breite Installation aus 300 Glasplatten, die das Licht des Sonnenuntergangs auffangen und es in ein farbenfrohes Spektrum zerlegen. Die Platten sind direkt neben der berühmten Meeresorgel in den Pflasterstein eingelassen, die sphärische Töne von sich gibt.

WARUM JETZT?

Weil der Frühling in Kroatien bereits herrlich sonnig und warm ist, aber noch echte Nebensaison herrscht. Die wilden Sandstrände rund um das einige Kilometer nördlich von Zadar gelegene **Nin**, die »Wiege Kroatiens«, hat man unter der Woche oft für sich allein. Manche erreicht man nur zu Fuß oder mit dem Boot. Viele der vorgelagerten Inseln sind unbewohnt und laden dazu ein, für ein paar Tage Robinson zu spielen. Aus der Luft erinnert das Archipel von Zadar an Smaragde auf blauem Samt, und noch ist es vom Tourismus wenig berührt. Dabei kann man mit der Jadrolinja-Fähre zwischen Zadar und Premuda vier norddalmatische Inseln ansteuern. Das karge **Premuda** ist mit türkisblauen Badestränden gesegnet. Taucher schwärmen von dem »Die Kathedrale« genannten Unterwasserrevier. Auf **Silba** gibt es traumhaft schöne Küstenwanderwege und viele Badebuchten. Im Frühjahr blühen Ginster, Baumheide, Rosmarin und Zistrosen. Auch auf der verwilderten Macchia-Insel **Olib** locken schöne Badeplätze. Wanderer werden sich wiederum auf der autofreien und besonders ruhigen Insel **Ist** wohlfühlen, deren Buchten hauptsächlich von privaten Bootsbesitzern angesteuert werden. Südlich von Zadar lassen die bizarren Felsinseln des **Kornaten-Nationalparks** Seglerherzen höherschlagen. Jetzt im Frühjahr ist es noch ruhig hier.

April und Mai sind aber auch perfekte Monate für Landratten, die die Einsamkeit lieben. Tagelang können sie durch die wilde Schlucht des **Paklenica-Nationalpark**s wandern und begegnen nur wenigen Menschen. Sie liegt nur 40 km nördlich von Zadar. Fast jeder hat sie schon mal im Fernsehen bewundert: Zwischen 1962 und 1968 wurde hier der größte Teil der Karl-May-Filme mit Lex Barker und Pierre Brice gedreht. Allein zehn Filmschauplätze bietet die **Velika-Paklenica-Schlucht**. Ihre Felswände laden zum Klettern ein, alle Schwierigkeitsgrade sind vertreten. Die **Krka-Wasserfälle** im Hinterland von Šibenik gaben den dekorativen Schauplatz für den »Schatz im Silbersee« ab, wie auch die auf halbem Weg zwischen Zadar und Zagreb gelegenen **Plitvicer Seen**. Am dortigen See **Kaluđerovac** findet man die »Schatzhöhle«, und gleich um die Ecke stürzt sich der größte Wasserfall, unter dem die Anfangsszenen aus »Winnetou 2« sowie die Verfolgung von Winnetou im dritten Teil entstanden, mit donnerndem Getöse vorbei an tiefen Höhlen im weißen Karstgestein in die Tiefe. Im zarten Grün des Aprils ist es hier besonders schön.

FESTE UND EVENTS

- **»Sv. Marija-Prozession«** in Nin. Per Boot geht es zur vorgelagerten Insel Zečevo (Anf. Mai).
- **Stadtfest** in Primošten mit großer Prozession zur Loreto-Statue (10. Mai)
- **»Starigrad Paklenica Big Wall Speed Climbing«**, internationaler Freeclimber-Wettbewerb (Ende April–Anf. Mai)

HOTELS

- **Almayer Art & Heritage Hotel**
  Besonders stilvolles Boutique-Hotel in der Altstadt von Zadar mit nur 13 luxuriösen klimatisierten Zimmern. Trotz modernstem Design sehr behaglich. Schöner Innenhof.

  Ul. Braće Bersa 2, Zadar, Tel. +385/23/33 53 57, www.almayer.hr, **€€€**

- **Heritage Hotel Life Palace**
  Im Marenci-Palast aus dem 15. Jh. mitten in der Altstadt eingerichtetes Hotel mit Café, Terrasse und 17 eleganten Zimmern, die mit viel Liebe zum Detail ausgestattet wurden.

  Ul. kralja Tomislava 12, Šibenik, Tel. +385/22/21 90 05, www.hotel-lifepalace.hr, **€€**

Nicht nur der Frühling lässt sein buntes Kleid in Zadar flattern, auch diese junge Dame tut es. Das blaue Meer, das laue Lüftchen, die Sonnenstrahlen, die auf der Nase kitzeln – es gibt viele gute Gründe, um beschwingt zu sein.

APRIL
MAI

Madeira

Portugal

»Hätten die Griechen Madeira gekannt, sie hätten keine Zeit verschwendet, sie der Venus zu weihen«, schwärmte 1572 Luis Vaz de Camões in seinem Seefahrerepos »Die Lusiaden« von der »Insel am Ende der Welt«. Dort lag sie tatsächlich, bevor die Portugiesen aufbrachen, Afrika zu umrunden und nach Indien zu segeln.

Wie ein lebendes Bodenmosaik präsentieren sich die Blumenrabatten im Botanischen Garten von Funchal.

Fast senkrecht fallen ihre Basaltklippen viele hundert Meter tief ins tiefblaue Wasser des Atlantiks ab. Fruchtbare Böden, milde Winter, warme Sommer und ausreichend Regen sorgen das ganze Jahr über für eine üppige Pflanzenpracht auf der wild zerfurchten »grünen Perle im Ozean«. Madeira ist der Berggipfel eines riesigen, größtenteils unter Wasser liegenden, aber nicht mehr geologisch aktiven Vulkanmassivs. Der Süden ist mit seinen fruchtbaren sonnenbeschienenen Lavakesseln wesentlich lieblicher als die windumtoste Steilküste des Nordens. Einzigartig ist das über 2000 km lange Netz von Bewässerungsgräben. Diese schon vor fünf Jahrhunderten von maurischen Sklaven angelegten »levadas« bringen das Wasser aus dem regenreichen Norden zu den Gärten und Plantagen im trockeneren Süden. Auf den Begrenzungsmäuerchen der »levadas« kann man stundenlang wandern, oft durch unberührte Natur oder an einsamen steilen Talflanken entlang – wunderbare Ausblicke inbegriffen.

FESTE UND EVENTS

» **»Festa da Flor«** in Funchal (2. Wochenende nach Ostern)

HOTELS

» **Castanheiro Boutique Hotel**
Fünf Stadthäuser aus drei Jahrhunderten in zentraler Lage mit herrlichem Garten, vereint zu einem coolen Hotel. Die Dachterrasse ist eine schicke Partylocation.

Rua do Castanheiro 31, Funchal, Tel. +351/291/20 01 00, www.castanheiroboutiquehotel.com, **€€€**

» **Reid's Palace Hotel**
Exponierte Lage inmitten eines auf dem Felsen angelegten Blütenmeers. Geräumige Zimmer, konservativ-elegant eingerichtet, die Atmosphäre von britischem Understatement geprägt. Vorzügliche portugiesische und französische Küche.

Estrada Monumental 139, Funchal, Tel. +351/291/71 71 71, www.reidspalace.com, **€€€**

WARUM JETZT?

Weil Madeira zwar die »Insel des ewigen Frühlings« ist, es im Winter aber an der feuchtkalten Nordküste zu ungemütlich ist und im Sommer überall Hochsaison herrscht. Perfekt ist die Zeit zwischen April und Mai. Zwei Wochen nach Ostern findet im barocken **Funchal** das Blumenfest »Festa da Flor« statt. Am Sonntag wälzt sich ein grandioser Blumenkorso durch die Stadt, begleitet von Folkloregruppen in farbenfrohen Trachten. Auf der Avenida Arriaga sind kunstvoll drapierte Blumenteppiche zu sehen, die in mühevoller Handarbeit von Künstlern gestaltet wurden. An der Praça do Povo zeigen die Einheimischen stolz ihre neuesten Blumenzüchtungen, und auf dem Mercado das Flores kann man das alles auch kaufen. Wer das Fest verpasst hat, muss sich nicht grämen: Botaniker aus aller Welt reisen an, um in dem riesigen **Jardim Tropical do Monte Palace** die weltweit größte Sammlung von Brotpalmfarnen zu besichtigen: 60 von 72 bekannten Arten dieser seltenen südafrikanischen Art sind hier zu sehen. Überhaupt ist fast die gesamte Blütenpracht Madeiras importiert: Hortensie, Magnolie, Azalee, Kaplilie, Hibiskus, Frangipani, Bougainvillea und Strelitzie.

Nur Bademöglichkeiten sind auf Madeira rar. Halt, ein Sandstrand darf nicht unterschlagen werden: Über 8 km lang erstreckt er sich, umspült von türkisfarbenen Wellen, feinsandig, auf der eher kargen kleinen Nachbarinsel **Porto Santo**. Dieser Strand hat vielleicht in der Weltgeschichte eine bedeutende Rolle gespielt. Christoph Kolumbus, der 1478 die adelige Felipa, seine erste, aus Porto Santo stammende Frau geheiratet hatte, um sich ein Entree beim portugiesischen Königshaus zu verschaffen, lebte einige Jahre auf der Insel, vermutlich im kleinen Haus Nr. 12 hinter der Kirche von **Vila Baleira**. Am Strand soll er immer wieder unbekannte Früchte und Hölzer aufgelesen haben: Da musste doch am Horizont Indien liegen!

Algarve
Portugal

Orangerote dramatische Felsformationen, das Meer tiefblau bis türkis, windumtoste Surferstrände, dazu weißgekalkte Dörfer: Das ist die Algarve der Sommerurlauber, die bei Temperaturen von bis zu 40 Grad am Strand braten. Das milde Klima des Winters lockt vor allem britische Langzeiturlauber an, die hier an zahlreichen Golfplätzen ihre Bälle schlagen können.

»

Der Leuchtturm an der bis zu 70 Meter hohen Steilküste Cabo de São Vicente markiert das Ende der Algarve. Sein Lichtkegel reicht 32 Seemeilen über den Atlantik.

Malerisch zieht sich der Ferienort Carvoeiro an den Klippen entlang. In früheren Zeiten bot die Bucht Piraten ein Versteck, heute tummeln sich hier an einem milden Märztag Spaziergänger und Sonnenanbeter.

Zwischen Faro und Lagos, besonders rund um Albufeira und Portimão, leidet die Algarve längst unter Massentourismus, wilder und einsamer geht es rund um den südwestlichen Zipfel im **Naturpark Vicentiner Küste**, zwischen den Dörfern **Burgau** und **Odeceixe**, zu. Die kulturelle Identität bewahrt die Algarve-Region in ihrem Hinterland. In den Serras kommen Wanderer und Biker auf ihre Kosten.

WARUM JETZT?

Weil in Portugals Süden der Frühling schon im März Einzug hält. An den Stränden herrscht relative Ruhe, weil das Wasser noch reichlich frisch ist. Die Sonne wärmt aber bereits herrlich, ohne zu brennen. Nach ausgiebigen winterlichen Regenfällen grünt und blüht es jetzt im Hinterland. Das ist die beste Zeit, um bei milden 20 Grad den 214 km langen Fernradweg **Ecovia** zu genießen und entspannt der blauen Linie am Wegrand folgend von **Vila Real de Santo Antonio** im Osten bis **Sagres** an der Westspitze durch herrliche Landschaften mit drei Naturreservaten zu radeln. Auf weiten Strecken herrscht kein Autoverkehr.

Die Wildblumen wachsen direkt am Straßenrand, und der Blick schweift über endlose farbenfrohe Blumenteppiche, die jetzt die Felder und Hügel überziehen. Die drei großen geografischen Regionen der Algarve, die sandige Küstenlandschaft **Litoral**, die sanften Kalksteinhügel des **Barrocal** und die schroffere **Serra**, sie haben alle ihre eigene Vegetation und Flora.

Charakteristisch für die »matos« genannte Strauchvegetation der geschützten Küstenlandschaft rund um das **Cabo de São Vicente** mit ihren unzähligen aromatischen Kräutern sind der leuchtend gelbe Kreta-Hornklee, die weißen Blütenpolster der immergrünen Schleifenblume, rosafarbene Strandlevkojen sowie Thymian und violettes Löwenmäulchen. Im Barrocal sorgen violetter Schopflavendel, peruanischer Blaustern, purpurrotes Brandkraut sowie Pfingstrosen und wilde Orchideen für eine traumhafte Farbpalette. In der rauen Serra dominieren Baumheide, weiße Zistrosen mit violettem Fleck und buttergelber Ginster.

Wanderer und Radfahrer werden überall gastfreundlich empfangen, denn immer mehr Landhäuser und Bauernhöfe öffnen mit staatlicher Förderung ihre Tore für Individualreisende, die den authentischen Lebensstil der Algarve kennenlernen möchten. »Turismo Rural« nennt man das. Besonders gern verweilen wird man im hübschen Dorf **São Brás de Alportel** 18 km nördlich von Faro, das Ostern mit einem Fackelfest den auferstandenen Heiland feiert. Hier kann man herrliche Spaziergänge unter Korkeichen, Mandel- und Johannisbrotbäumen unternehmen. Unweit des mittelalterlichen **Loulé** (17 km nordwestlich von Faro), das einen besonders lebendigen Samstagsmarkt abhält, ist die barocke Capela de São Lourenço bei **Almancil** ein kunsthistorisches Highlight. Ihr gesamter Innenraum ist mit Azulejos aus dem Jahr 1730 ausgekleidet. Blau und Gold: Auch das sind die Farben der stillen Algarve.

FESTE UND EVENTS

- In Loulé findet der farbenfrohste **Karneval** der Algarve statt (Feb./Anf. März).
- Die **»Semana Santa«** (Karwoche) wird vielerorts mit Prozessionen gefeiert.
- Das **»Algarve International Music Festival«** veranstaltet kostenlose klassische Konzerte in einigen der ältesten Kirchen der Region (März-Mai).

HOTELS

Casas do Palheiro Velho
Landgut im Osten der Algarve, das die Idee des »Agroturismo« vorbildlich umsetzt. Domingos und Anabela empfangen ihre Gäste mit viel Wärme, wobei bei aller Tradition der Komfort nicht zu kurz kommt. Schöner Sandstrand, nur 15 Autominuten entfernt.

Montes Castelhanos, bei Castro Marim,
Tel. +351/919 24 98 62, www.palheirovelho.com, **€**

Downtown Loulé Prestige
Das charmante Gästehaus ist u. a. über AirBnB buchbar. Individuell eingerichtete Zimmer mit eigenem Bad, die Kücheneinrichtung teilt man sich.

Av. José da Costa Mealha 2, Loulé,
Tel. +351/935 16 02 04, **€**

Ausritte sind an einigen Strandabschnitten möglich, beispielsweise am Carrapateira Beach im Naturpark von Sudoeste Alentejo e Costa Vicentina an der westlichen Algarve.

APRIL

Yucatán

Mexiko

Endlose schneeweiße Traumstrände, ein Meer, das in unzähligen Türkisfarben schillert, Korallenriffe in allen Farben des Regenbogens, mystische Cenotes und geheimnisvolle Ruinen der Maya-Kultur: Die mexikanische Halbinsel Yucatán kombiniert unbeschwerte Tage am Meer mit Hochkultur im Hinterland.

Die Unterwassergrotte Cenote Sagrado von Chichén Itzá: ein Quell, der sichtlich Freude bereitet

Im Urwald von Yucatán gibt es noch manche unentdeckte Maya-Ruine oder wenigstens einen einsam rauschenden Wasserfall. In den Mangrovensümpfen der Küste fühlen sich Krokodile und Seekühe wohl, und über die Salzwasserlagunen fliegen Schwärme von Rosaflamingos. So herrlich die Sandstrände von Cancún, Cozumel und Tulum auch sein mögen: Es ist fast noch genussvoller, in der Mittagshitze in das kristallklare Süßwasser eines **Cenote** zu springen. Diese spektakulären Unterwasserhöhlen waren den Maya heilig. Kein Wunder, dass man in der Nähe einiger der schönsten Cenotes monumentale Ruinenstätten mit Pyramiden, Tempeln und astronomischen Observatorien findet.

FESTE UND EVENTS

» **»Fiesta de la Santa Cruz«** (Fest des Heiligen Kreuzes) in El Cedral (Ende April–Anf. Mai)

HOTELS

» **Villas Arqueologicas**
Schicke Hotelanlage am Ruineneingang von Chichén Itzá. Die komfortablen Zimmer gruppieren sich um einen Patio mit Pool. Vorzügliche Küche.

Valladolid km 120, Carretera Merida, Chichen Itza, Tel. +52/984/188 83 10, www.villasarqueologicas chichen.com, **€€€**

» **Casa del Maya**
Hübsches B & B im Kolonialstil in Mérida, dem idealen Standquartier für Ausflüge zu den Ruinenstätten. Sechs elegant mit Mayakunst dekorierte Zimmer, Regendusche und Garten. Üppiges Frühstück.

Parque Santa Ana, Mérida, Tel. +52/999/181 18 80, www.casadelmaya.com, **€€**

WARUM JETZT?

Weil bis April noch sonniges, aber recht trockenes Wetter herrscht und die Heerscharen junger US-Amerikaner auf »Spring-Break« die Hotelzimmer von Cancún geräumt haben. Nach Ostern überschlagen sich die Hotels mit Sonderangeboten. **El Cedral** feiert bis Anfang Mai seine ausgelassene »Fiesta de la Santa Cruz« mit viel Musik, Tanz, Rodeos und Feuerwerk.

Eigentlich sind die **Mayastätten** Yucatáns auf Tagesausflügen von den Resorts an der Küste zu erreichen. Dann steht aber die Sonne schon fast im Zenit. Besser, man übernachtet vor Ort und besucht in den kühleren Morgenstunden Tempel und Pyramiden.

In **Chichén Itzá** manifestiert sich der kriegerische toltekische Einfluss aus dem mexikanischen Hochland in den Chac-Mool-Figuren, den Verzierungen mit Federschlangenmotiven und den Schädelmauern. Besonders imposant ist die neunstufige Pyramide des Federschlangengottes Kukulkán. Ihre Plattformen symbolisieren die neun Bereiche der Unterwelt. Auf dem größten der Ballspielplätze schildern Reliefs die dem rituellen Ballspiel folgende Opferung der Verlierer. Am Kriegertempel östlich der Kukulkán-Pyramide bewacht zwischen zwei Pfeilern in Gestalt von gefiederten Schlangen ein Chac Mool den Eingang. Friedlicheren, nämlich astronomischen Zwecken diente der turmartige Rundbau des Caracol.

Ein weiterer Höhepunkt ist das fast ausschließlich im reinen Puuc-Stil erbaute **Uxmal**, dessen Blütezeit im 10. Jh. liegt. 35 m hoch erhebt sich die »Pyramide des Wahrsagers«. Stundenlang verweilen möchte man im wunderschönen »Viereck der Nonnen«. Unter den Reliefs entdeckt man Maya-Hütten, Masken des rüsselnasigen Regengottes Chac, Kreuzbandmotive, Eulenköpfe mit Federkopfputz und Schlangen, die sich durch das gesamte westliche Fries winden. In einem Gedicht beschreibt der mexikanische Nobelpreisträger Octavio Paz die Atmosphäre der heißen Mittagszeit in Uxmal: »Die Sonne ist Zeit, die Zeit, Sonne aus Stab; der Stein, Blut. / Das Licht flimmert nicht, die Zeit entleert sich der Minuten, ein Vogel blieb stehen in der Luft. / Das Licht stürzt herab, es erwachen die Säulen und tanzen bewegungslos.«

MAI

Kubas Westen

Menschenleere, blendend weiße und puderzuckerfeine Strände, fabelhafte Tauchreviere, sattgrüne Berge, die traumverlorene Karstkegellandschaft von Viñales, riesige Tropfsteinhöhlen und das Tabak-Dreieck Vuelta Abajo prägen die Provinz Pinar del Río im Westen Kubas.

Fruchtbarkeit und landschaftliche Anmut vereinen sich im Valle de Viñales in der Provinz Pinar del Río.

Tagesausflüge von Havanna nach Viñales und Pinar del Río organisieren alle staatlichen Veranstalter. Doch Kubas westlichste Provinzen **Pinar del Río** und **Artemisia** sind mehr als eine Stippvisite wert. Wettergegerbte »guajiros« pflügen mit Ochsen die kupferrot leuchtende, fruchtbare Erde und laden Fremde jederzeit gerne auf einen »cafecito« in ihr einsames »bohio« (Strohhütte) ein.

WARUM JETZT?

Weil die Winterurlauber Kuba schon verlassen haben, das Wetter noch nicht zu schwül ist und die oft unangenehme Kühle bringenden »nortes« (Nordwinde) nicht mehr wehen. Die auf halber Strecke zwischen Havanna und Pinar del Río gelegene **Sierra de los Órganos** und die kühlen Pinienwälder der **Sierra del Rosario** sind Kubas Hochburgen des Ökotourismus. Aber nirgendwo blüht Kuba schöner als im Orchideengarten von **Soroa**: Frauenschuh, Aguadijas de Colombia, Paradiesvogelorchideen, die besonders seltene Flor San Pedro und etwa 700 weitere Orchideenarten wetteifern hier mit Magnolien, Bromelien, Philodendren und Hibiskussträuchern um die Gunst der Kolibris. Am frühen Morgen brechen sich die Sonnenstrahlen im Wasserfall **El Salto del Arco Iris** am schönsten. Ebenfalls bunt treibt es Kubas Nationalvogel, der Tocororo, den man auf Wanderungen durch die herrlichen Pinienwälder rund um die 16 km entfernte Künstlerkolonie **Las Terrazas** erspähen oder zumindest belauschen kann. Man planscht in kühlen kristallklaren Bächen, badet unter rauschenden Wasserfällen und genießt gesunde Ökoküche. Abenteuerurlauber sausen an Ziplines über die Baumwipfel hinweg, man kann reiten, radeln, in wildromantischer Natur campen oder die Höhlen aufsuchen, in denen sich Che Guevara während der Raketenkrise von 1962 verschanzte.

In der Provinzhauptstadt **Pinar del Río** lohnt die in allen Pastellfarben leuchtende koloniale Säulenarchitektur einen längeren Spaziergang. Das nahe Tabakdreieck **Vuelta Abajo** ist für alle Liebhaber des edlen blauen Dunstes ein Muss. Im Frühjahr kann man den »vegueros« bei der Ernte der großen, nicht gleichzeitig reif werdenden Tabakblätter zusehen. Unvergesslich ist der Blick auf das **Valle de Viñales**, wenn die Morgensonne die Karstkegel dieser prähistorisch wirkenden Landschaft in zartes Rosa taucht, während noch Nebelschwaden über dem Boden hängen. Wie Balsam legt sich die Ruhe dieser zeitlos schönen Szenerie mit ihren satten Grüntönen, der roten Erde und den strohgedeckten Tabakhütten auf die Seele. Nicht minder faszinierend sind die abendlichen Licht- und Schattensinfonien – genossen bei einem Mojito und einer Zigarre auf dem Balkon des Hotels Los Jazmines. Die Tropfsteinhöhlen des Tals erschließen eine ganz andere, geheimnisvolle Welt.

An den einsamen Stränden von **Cayo Levisa** und **Cayo Jutias** vor der Nordküste sowie **María La Gorda** im Südwesten kann man Robinson spielen oder auf Tauchstation gehen. Die Unterwasserwelt mit ihren farbenprächtigen Korallenlandschaften ist hier so gut wie unberührt.

HOTELS

» Hotel Horizontes Los Jazmines
Das in Rosa und Weiß erstrahlende Hotel aus vorrevolutionärer Zeit schmiegt sich an den Hang eines Hügels und besitzt die beste Sicht auf das Märchental. Die Zimmer Nr. 301 bis 316 haben den schönsten Blick.

Ctra. Pinar del Río, km 25, Viñales,
Tel. +53/48/79 64 11, https://hotelhorizonteslosjazmines.com-hotel.com, **€€**

» Hotel Moka
Kubas bekanntestes Ökohotel fügt sich mit seinen geschmackvoll eingerichteten 26 Zimmern harmonisch in die Sierra del Rosario ein. Das Personal besteht aus freundlichen ökologischen Experten, sogar der Concierge hat einen Doktortitel in Biologie. Ein Pool bietet Erfrischung.

Complejo Turístico Las Terrazas,
Tel. +53/48/57 86 00, www.lasterrazas.cu, **€€**

SOMMER

Sommer ist eine Jahreszeit, die – je nachdem, auf welcher Hälfte des Erdballs man sich aufhält – immer anders ausfällt. Australien ist ein gutes Beispiel, wo man in »unserem« Sommer angenehme Temperaturen erlebt. Oft muss man gar nicht weit reisen, um ideale Bedingungen vorzufinden: Für Reiseziele wie die Schweiz, Slowenien oder Nordfrankreich ist jetzt die Zeit reif. Auch Nord- und Ostsee sowie die Pyrenäen laden zum Durchschnaufen und Auftanken ein. Und nicht zuletzt, so heißt es in einem Song: »Sommer ist, was in deinem Kopf passiert.«

SOMMER

Zu Seite 56 + 57
Opalküste nennt man den 120 Kilometer langen Küstenstreifen des Ärmelkanals, der sich von Bray-Dunes im Département Nord bis Berck-sur-Mer im Département. Pas-de-Calais erstreckt.

Besonders ruhig

Preiswert

Spieglein, Spieglein an der Wand, wer ist die Schönste in Namaqualand (▸ S. 74)? Die edle Oryxantilope oder die einmal im Jahr in voller Blüte stehende Wüstenlandschaft?

Naturschauspiel

Feste und Events

Leicht zu erreichen

So schön fühlen sich Stille und Einsamkeit an. Alles, was es dazu braucht, bietet die Natur – wie hier am Geroldsee, einem kleinen Moorsee bei Mittenwald (► S. 92).

Schönes Wetter

JUNI

Andorra

Das kleine Land in den Pyrenäen ist selbst vielen Franzosen und Spaniern, deren Staatsoberhäupter es gemeinsam repräsentieren (nicht regieren!), kein großer Begriff. Ins EU-Ausland Andorra bringen vorzugsweise Katalanen ihr Geld in Sicherheit, während weniger betuchte Touristen es in der Hauptstadt Andorra la Vella für zollfreien Einkauf nutzen. Und im Winter wird Ski gefahren.

Andorra: ein Wanderparadies in den Pyrenäen, das im Sommer sein üppig grünes Antlitz zeigt

Dabei gäbe es auf kleinstem Raum nicht weniger als drei Naturparks mit herrlichen Berglandschaften zu sehen, an die 70 kristallklare Seen und Teiche wie den auf fast 2000 m Höhe gelegenen **Llac d'Engolasters**, herrliche Wälder wie in der Hochebene von **La Rabassa**, aus der Zeit gefallene mittelalterliche Steindörfer wie **Pal**, **Ordino**, **Les Bons** und **Fontaneda**, dazu romanische Dorfkirchen, familienfreundliche Themenparks und beste Bergluft.

WARUM JETZT?

Eine überlaufene sommerliche Hochsaison gibt es in Andorra noch nicht. Die spanischen Urlauber verteilen sich gleichmäßig in den für sie angenehm kühlen Pyrenäen vom Atlantik bis zum Mittelmeer, und die Franzosen bleiben überwiegend im eigenen Bergland. Dabei ist es im Juni, wenn Wildblumenteppiche in den Tälern und an den Hängen einen Rausch der Farben veranstalten, in Andorra besonders schön.

Andorra besucht man nicht, man erwandert es, sagen die Einheimischen. Allein fünf Fernwanderwege führen durch den Zwergstaat, und 30 Berghütten sorgen für gastfreundliche Aufnahme. 90 % des Landes sind wilde Natur, und das **Vall del Madriu-Perafita-Claror**, das allein 10 % des Staatsgebiets ausmacht, ist sogar ein Weltkulturerbe. Besonders blumenreich gibt sich das kleine **Vall de Sorteny**. Der **Parc Natural Valls del Comapedrosa** bietet eine noch dramatischere Pyrenäenlandschaft mit dunkelblauen Seen, rauschenden Wasserfällen und würzig duftenden Wäldern. Das Tal ist Ausgangspunkt für eine Besteigung des **Alto de Comapedrosa** (2942 m), Andorras höchstem Berg.

Radfahrer können nicht weniger als 21 Bergpässe erobern. Mountainbiker schwärmen vom **El Camí del Gall**, dem »Hahnenpfad« zwischen den Orten Soldeu und Canillo, für Kletterer gibt es 25 Klettersteige aller Schwierigkeitsgrade, dazu fünf Canyoning-Routen.

FESTE UND EVENTS

- **»Andorra Mountain Music Festival«.** Top-DJs wie Armin Van Buuren und David Guetta locken junge Leute in die Berge von Soldeu (Ende Juni–Ende Juli, www.visitandorra.com).
- **»Andorra Multisport Festivals«** in Encamp, die andorranische Version des »Ironman« (Anf. Juli, www.multisportfestivalandorra.com)
- **»Festa Majors«** von Escaldes-Engordany, Sant Julià de Lòria, Andorra la Vella, Encamp und La Massana (Juli und Aug.)

HOTELS

- **Cal Batlle de la Cortinada**
  Die wohl stilvollste Unterkunft Andorras inmitten eines mittelalterlichen Dorfs. Fünf komfortable Zimmer vereinen perfekt Tradition und Moderne.
  Camí Vell, 11, La Cortinada, Tel. +376/72 82 30, www.calbatlle.com, **€€**
- **Parador de Canòlich**
  Winziges Vier-Sterne-Hotel mit nur drei eleganten, geräumigen Zimmern in einem alten Steinhaus. Die Inhaber kochen fantastisch. Herrliche Sonnenterrasse.
  Ctra de Canòlich, Sant Julià de Lòria, Tel. +376/84 23 82, www.hotelparadordecanolich.com, **€-€€**

Andorra ist aber auch geradezu ein Freilichtmuseum der romanischen Architektur. Der für die Pyrenäen typische Baustil der Kirchen aus dem 11. und 12. Jh. zeichnet sich durch viele lombardische Elemente aus, mit hohen, schlanken Glockentürmen: eine nüchterne Eleganz, die sich in perfekter Harmonie in die Berglandschaft einfügt.

Auch kulinarisch hat das kleine Land verblüffend viel zu bieten. In vielen der alten, »bordas« genannten steinernen Viehställen wurden Restaurants eingerichtet. Sogar Wein aus Andorras Tälern wird hier kredenzt: Casa Auvinyà, Celler Mas Berenguer oder Borda Sabaté 1944 heißen die Winzer, deren edle Tropfen man garantiert in keiner deutschen Weinhandlung findet.

JUNI

Schnalstal im Vinschgau

Schon die Anfahrt über den Reschenpass ist ein Hochgenuss. Sowohl landschaftlich als auch kulturell präsentiert sich das in Südtirol gelegene Vinschgau als eine Alpenregion von beeindruckender Vielfalt: vom lieblichen Etschtal rund um die Gourmetregion Schlanders bis zum majestätischen Ortler, den Reinhold Messner als schönsten Berg überhaupt rühmte.

Ferien im Schnalstal garantieren beschauliche Ruhe, gute Bergluft und unverfälschte Natur.

Wie der berühmte Bergsteiger hat vor mehr als 5000 Jahren ein inzwischen noch berühmterer Mann das Vinschgau zu seiner Wahlheimat gemacht, bis ihn ein Bogenschütze von hinten meuchelte. 1991 entdeckte ein Ehepaar die Feuchtmumie unter einer Gletscherzunge am Tisenjoch in den Ötztaler Alpen auf 3210 m Höhe. »Iceman« **Ötzi** hatte Pollen der Hopfenbuche im Körper, die nur südlich des Alpenhauptkamms wächst. Gestorben ist er also im Juni, exakt 92,56 m von der österreichischen Grenze entfernt. Bergführer bringen Neugierige zur Fundstelle am Alpenhauptkamm zwischen Similaun und Finailspitz, der »Ötzi-Express«, ein Raupenfahrzeug, chauffiert Besucher hinauf ins ewige Eis des **Hochjochferners**, um die Lichtspiele im Inneren einer Eishöhle zu erleben. Ein »Ötzi-Alpin-Marathon« vom blühenden Etschtal bis hinauf zum Gletscher wird in den Disziplinen Mountainbike, Berglauf und Skitourengehen ausgetragen. In der **Bergstation** der Gletscherbahnen (3212 m) wurde ein »Ötzi-Schautunnel« eingerichtet, und im Tal stellt der **ArcheoParc Schnals**, ein »archäologisches Aktivmuseum« mit 4000 m² großem Freigelände, Ötzis Lebensraum vor.

WARUM JETZT?

Weil das Schnalstal im Juni auch ohne Ötzi schön genug ist. Man wandert in der herrlichen Bergwelt des **Naturparks Texelgruppe**. Im Taleingang wächst noch Wein, dann geht es hinauf in die dramatische Berglandschaft der Ötztaler Alpen mit ihren zahlreichen Dreitausendern, in das Reich der Gämsen und Steinböcke, mit ausgedehnten Lärchenwäldern, smaragdgrünen Gebirgsseen und Bergblumenwiesen. Dass man in vielen Berghütten übernachten oder wenigstens zu einer zünftigen Jause einkehren kann, versteht sich. In den Ötztaler Alpen gibt es jahrtausendealte Übergänge und Stege von Hirten und Jägern, die nach wichtigen Funden als archäologische Wanderwege markiert wurden. Ein besonderes Erlebnis ist die »**Transhumanz**«. Jedes Jahr im Juni, nach der Schneeschmelze, bringen die Südtiroler Schafzüchter ihre Herden durch das **Tisental** über spektakuläre Gebirgspfade zu den ihnen seit 600 Jahren gehörenden Sommerweiden ins österreichische Ötztal. Der Weg führt von **Vernagt** im Schnalstal, wo die Tiere mit Farbtupfern markiert werden, über karge Hochebenen und über die Gletscherfelder des **Niederjochferners**. Im Herbst geht es auf gleichem Weg wieder zurück.

Es ist ein einmaliges Erlebnis, von der auf 3019 m Höhe gelegenen **Similaunhütte** oder der neuen Aussichtsplattform »Iceman Ötzi Peak« auf der **Grawand-Spitze** (3251 m) aus zuzusehen, wie im frühen Morgenlicht die Gipfel der **Ortlergruppe** bis hin zu den Bergriesen im Engadin rosa und orange erglühen und der in tiefer Nacht aufgebrochene Treck der Hirten, mit zarten Lämmchen in ihren Kraxen, etwa 20 Hunden und an die 2000 Schafen über das weite Firnfeld zieht. Die »Transhumanz« ist die älteste Form der Weidewirtschaft im Gebirge. Hier führt sie durch dasselbe Tal, das vor 5300 Jahren der Gletschermann durchwandert hat.

FESTE UND EVENTS

» **»Transhumanz«** im Schnalstal (Juni)

HOTELS

» **Hotel Zur Goldenen Rose**
Zauberhaftes Hotel hoch über Schnals, das bei flitternden Pärchen sehr beliebt ist, weil man in der Privatkapelle beim Hotel gleich heiraten kann. Das schönste Bergpanorama bieten die »Rosenzimmer«.

Karthaus 29, Schnals, Tel. +39/04 73/67 91 30, www.goldenerose.it, **€€€**

» **Tonzhaus**
Ruhiges, familiengeführtes Hotel auf 1500 m Höhe mit Aussichtsterrasse, luxuriösem Wellnessbereich und Infinitypool. Modern oder im Landhausstil eingerichtete Zimmer. Gute Südtiroler und italienische Küche.

Unser Frau im Schnalstal, Tel. +39/04 73/66 96 88, www.tonzhaus.com, **€€**

Tunesiens Korallenküste

Korallenbänke und einsame schattige Buchten, das üppig grüne Bergland der Kroumirie und des Mogod, die »klimatisierten« römischen Höhlenwohnungen von Bulla Regia mit ihren prachtvollen Mosaikböden: Die Korallenküste zwischen Tabarka und Bizerte ist größtenteils noch immer wild und unberührt.

Nach Tabarca ausgewanderte Genueser Adelsfamilien errichteten 1542 die Festung Lomellini.

Nur am feinen Sandstrand von Tabarka machen sich im Sommer die freien Plätzchen rar, doch wer ein Auto hat, findet in der näheren Umgebung nach wie vor menschenleere Buchten. Taucher schwärmen vom kristallklaren und im Sommer auch angenehm warmen Wasser der Korallenküste.

WARUM JETZT?

Weil 2022 endlich im Sommer wieder das berühmte Jazzfestival von **Tabarka** stattfinden wird. »Wenn einer diesen Ort in die Luft sprengen würde, könnte der Jazz von vorne anfangen«, kommentierte Lucky Peterson, Amerikas Enfant terrible des Jazz, die Szene. Das Spektrum reicht von Afro- über Cubajazz, Fusion, Funk zum Gospel: »Night in Tunisia« ganz im Sinne von Dizzy Gillespie! Noch hat das im kleinen Theater der »Basilika« (eigentlich eine antike dreischiffige Zisterne) stattfindende Jazzfestival einen intimen Rahmen. Nach den Konzerten trifft man Künstler und Publikum im **Café des Andalous**, das mit seinem erlesenen maurischen Majolika-Dekor vielleicht das schönste Kaffeehaus Tunesiens ist. Hier rauchen träge ältere Herren die Wasserpfeife, es plätschert der aus großer Höhe ins Glas eingegossene Minztee, sanftes Stimmengemurmel legt sich wie Balsam auf die Seele.

Bei Europäern fast eine Terra incognita ist das Hinterland von Tabarka. Die gebirgige wasserreiche **Kroumirie**, die »tunesische Schweiz«, gilt als die grüne Lunge des Landes. In den Tälern blühen Oleanderbüsche und Rosensträucher, die unteren Hänge beherrschen Olivenbäume, Aleppokiefern und Korkeichen mit stacheligen immergrünen Blättern. In höheren kühlen Lagen wachsen Stieleichen in den Himmel, die ihre langen Blätter im Winter abwerfen, und sogar die in Afrika so deplatziert erscheinenden Ulmen, Birken und Weiden. Baumfalken und Zwergadler kreisen in den Lüften, durch das Unterholz streifen Stachelschweine, Ginsterkatzen, Rotfüchse, Kaninchen und Wildschweine.

FESTE UND EVENTS

» **»Tabarka Jazz Festival«** (geplant für Sommer 2022)

HOTEL

» **Abou Nawas Montazah**
Tabarkas wohl bestes Hotel liegt in einem Kiefernwäldchen am Strand und bietet allen Komfort mit Restaurant, maurischem Café, riesigem Pool und Wellnesseinrichtungen.
Route touristique, Tabarka, Tel. +216/78 67 35 08, www.abounawas.com.tn, **€€**

Über AirBnB werden viele charmante Privatunterkünfte in und rund um Tabarka angeboten.

Vor hundert Jahren hätte man in den Wäldern Löwen und Panther jagen können, doch solche Szenen sieht man nur noch auf den herrlichen Mosaiken der römischen Ruinenstätte **Bulla Regia**. Archäologen rätseln, warum man die angesichts der heißen Sommer völlig logische unterirdische Bauweise der hiesigen römischen Häuser nirgendwo sonst in Afrika oder im Nahen Osten gefunden hat, wo es auch nicht gerade kälter ist. Möglicherweise hatten die Römer von Bulla Regia Geschmack an der an die Hitze optimal angepasste Trichterbauweise der Berber gefunden. Der Besucher genießt jedenfalls die herrliche Kühle dieser klimatisierten antiken Residenzen.

Mosaiken im »Haus der Jagd« zeigen Motive von Tieren des Waldes wie Rehe, Hirsche, Hasen und Eber.

JUNI

Costa Rica

Nebelfeuchte Urwälder, Feuer speiende Vulkane, dampfender Boden und Schlamm spuckende Erdlöcher, Surferstrände an der Pazifik- und Karibikküste, an denen Schildkröten ihre Eier ablegen, und dazu eine freundliche Bevölkerung, die Salsa, Merengue und Reggae tanzt, ausgelassene Feste feiert und Umweltschutz aus gesundem Eigennutz betreibt.

Jung, wild und zornig: Costa Ricas jüngster und aktivster Vulkan Arenal brach zuletzt im Mai 2010 aus.

Costa Rica gilt als die »Schweiz Mittelamerikas«. In wenigen Stunden wechselt man zwischen Hochgebirge und Palmenstrand, und wer mag, kann an einem Tag in zwei Ozeanen baden. Doch so klein Costa Rica auch sein mag, man wird kaum alle Nationalparks des Landes auf einer einzigen Reise besuchen können. Und es sind ja nicht nur beinahe undurchdringliche Regenwälder, die den Besuch lohnen: Im zentralen Hochland faszinieren auch die Vulkane des Landes.

WARUM JETZT?

Weil im tropischen Costa Rica die Temperaturen nur geringen jahreszeitlichen Schwankungen unterliegen. Das Land lässt sich auch in der ab Mai beginnenden Regenzeit gut bereisen. Dann herrscht Nebensaison, und die Preise gehen in den Keller. Im Juni ist es an der Pazifikküste zwar feucht, aber auch billig, und das, obwohl jetzt ideale Bedingungen für Surfer herrschen. Die Profis versammeln sich an der **Playa Naranjo** im Norden, weiter südlich, im **Parque Nacional Marino Ballena**, ziehen in den Sommermonaten Buckelwale an der Küste vorbei.

FESTE UND EVENTS

- **»Festival de las Artes«** in San José (Juni/Juli)
- **»Día de Guanacaste«** mit Rodeos (25. Juli)
- **»Fiesta de La Virgen del Mar«** mit farbenfrohen Regatten und Bootsparaden (Sa um den 16. Juli)
- **»Virgen de los Ángeles«**, das Fest der Schutzpatronin von Costa Rica mit Prozession der »Schwarzen Madonna« von San José nach Cartago (2. Aug.)

HOTELS

Hotel Boutique Lagarta Lodge
Hotel mit traumhaftem Panorama der Pazifikküste. Zimmer mit Bad. Terrassen-Restaurant mit lokalen und internationalen Spezialitäten. Schöner Pool.

Nosara, Halbinsel Nicoya, Tel. +506/26 82 00 35, www.lagartalodge.com, **€€€**

Hotel Cristal Ballena
Luxushotel in traumhafter Hanglage mit Meerblick, riesigem Pool, komfortablen Zimmern mit Himmelbetten. Gutes Restaurant.

7 km al Sur de Uvita, Playa Ballena, Puntarenas, Tel. +506/83 90 68 63, www.cristal-ballena.com, **€€**

Regen im Urwald von **Monteverde**, der meist erst ab dem späten Nachmittag fällt, von der Terrasse einer Lodge mit einem Glas Rum genossen, bietet wunderbare Zen-Momente. Auf einem »Sky Walk« durch die **Santa Elena Cloud Forest Reserve** erkundet man den Nebelwald auf Lehrpfaden abseits der Massen. Hier wandert man mit Führer in einer Höhe von bis zu 60 m über sechs schwankende Hängebrücken und erschreckt dabei keine Tiere. Faultiere hängen kopfunter von den Ästen, vielleicht erspäht man einen Tukan mit seinem Riesenschnabel und mit viel Glück sogar den seltenen Quetzal, den »Göttervogel« der Maya mit seinem dreifach körperlangen, grün schillernden Schwanz. Bis Juni nisten hier über hundert Paare. Dann ist die Chance am größten, einen zu sehen, denn sonst halten sie sich in über tausend Metern Höhe auf. Aber riesige bunte Schmetterlinge und Kolibris flattern ganz bestimmt über den Weg.

Nur etwas nördlich von Monteverde bietet der **Parque Nacional Volcán Arenal** mit seinem 1633 m hohen Vulkankegel, der Lavafontänen und glühende Felsbrocken ausstößt, einen magischen Anblick. Fast immer glüht die Spitze dieses Vulkans, einer der aktivsten der westlichen Hemisphäre, feuerrot, und wer die morgendliche Ballonfahrt über den Regenwald gebucht hat, erlebt ein unvergessliches Farbenspiel der Natur.

Im Juli regnet es an der Karibikküste besonders viel, doch oft kommt es zu einer überraschenden Trockenperiode, »veranillo« genannt. Der Morgen ist ohnehin meist trocken und sonnig. Die schönsten Karibikstrände liegen ganz im Süden, zwischen **Puerto Viejo**, dem neuen Szenetreff, und **Manzanillo**. An der **Playa Cocles** herrschen einige der besten Surfbedingungen der Karibikküste. Und überall erschallt Reggaemusik!

AUGUST

Opalküste
Nordfrankreich

»Opalküste«, das klingt exotisch, doch selbst wenn man den französischen Namen »Côte d'Opale« nennt, schütteln hierzulande viele Menschen den Kopf. Zumindest in Deutschland ist Frankreichs nördlichster, 140 km langer Küstenabschnitt zwischen der belgischen Grenze und der Mündung der Authie, an Nordsee und Ärmelkanal in der Region Hauts-de-France gelegen, noch ein Geheimtipp.

Weil das Kap dem Ärmelkanal eine lange weiße Nase zeigt, erhielt es den Namen Cap Blanc-Nez.

Dabei klingt der Name so verführerisch. Erfunden hat ihn 1911 der Maler Edouard Lévêque, den das Farbenspiel der wetterlaunischen Küste inspirierte: Wie ein Opal schimmert das Meer hier von silbrigem Grau bis irisierendes Himmelblau, von milchig-grün bis hin zu zarten Rosatönen, dazu pastellfarbene Sommervillen und blau-weiße Badekabinen. Bei Flut ziehen oft zarte Seenebelschleier auf, bei Ebbe reißt der Himmel wieder auf und gibt den Blick auf die nur 30 km entfernt leuchtenden White Cliffs von Dover frei. Für Südfranzosen liegt diese Küste natürlich kurz vor dem Nordpol: Vorurteile, die der Film »Willkommen bei den Sch'tis« so herrlich ironisch verarbeitete. Präsident Macron weiß es besser: Seiner Frau Brigitte gehört eine Villa mitten in der Fußgängerzone Rue Saint-Jean im kleinen Seebad Le Touquet, seit 2017 Ziel der Selfie-Touristen.

WARUM JETZT?

Weil im Hinterland jetzt der Klatschmohn blüht und die weitläufigen Strände der Opalküste selbst im Hochsommer nicht überlaufen sind, und das obwohl **Le Touquet** Ende des 19. Jh. als »Paris Plage« erbaut wurde. Im Fin de Siècle errichteten sich betuchte Pariser an die 2000 Villen – im damals als vornehm geltenden britischen Stil. Auch gepflegte Parks wurden angelegt, selbstverständlich auch ein Casino und eine Pferderennbahn. Noch immer verströmen Galerien, Boutiquen und Brasserien im Zentrum mondänes Flair, und im herrlich altmodisch-plüschigen Café des Sports in der Rue Saint-Jean speist das Ehepaar Macron auch heute noch gern.

Mit dem Industriehafen **Dunkerque**, besser bekannt als Dünkirchen, mag man ein wenig fremdeln, obwohl das brandneue avantgardistische Wohnviertel am Hafen, besonders aber das Jugendstilviertel **Malo-les-Bains** mit seiner großzügigen Uferpromenade definitiv ihre Reize hat. Natürlich wurden hier etliche Szenen des Hollywood-Kriegsdramas »Dunkirk« (2017) von Regisseur Christopher Nolan gedreht.

Die herrlichste Aussicht der Küste haben die 145 m hoch aufsteigenden Kreideklippen des **Cap Blanc-Nez** zu bieten, eine weiße Kalknase im manchmal wirklich blauen Ärmelkanal, durch den mächtige Schiffe ziehen. Zusammen mit seiner kleineren Schwester **Gris-Nez** wurde es als »Les Deux Caps« zur »Grand Site de France«, einem staatlich anerkannten Gütesiegel, erklärt. Bläst der Wind, verwandeln sich die Strände in das Revier der Strandsegler und Kitesurfer. Familienurlauber steigen in den freundlichen Badeorten **Wissant**, **Ambleteuse** und **Wimereux** ab. Noch mal 12 km lang ist der feinsandige Dünenstrand von **Berck-sur-Mer** ganz im Süden. Und wenn das Wetter mal gar nicht mitspielt: Im nationalen Meereszentrum Nausicaá in **Boulogne-sur-Mer** kann man locker einen verregneten Tag verbringen, und in der Krypta der Basilika Notre-Dame warten Frankreichs Schätze sakraler Kunst. 2024 soll nun auch mit dem »Tropicalia« das größte Tropenhaus der Welt eröffnen.

FESTE UND EVENTS

- **»Festival du Côte d'Opale«** (Juli), www.festival-cotedopale.fr
- Zahlreiche kleine **Sommerfeste** in den Seebädern

HOTELS

- **Brit Hotel Les Argousiers**
  Ganz in der Nähe der Klippen des Cap Gris-Nez liegt dieses unprätentiöse, modern und umweltfreundlich designte Hotel mit Bar, Sauna und einem Garten mit Sonnenliegen.
  28, rue Clemenceau, Ambleteuse, Tel. +33/321/99 87 00, www.hoteldesargousiers.fr, **€€**
- **Bed and Breakfast Villa Boreas**
  Charmante Familienpension mit lila Fensterläden, nur vier Zimmern, gemütlichem Wohnzimmer mit Kamin und sehr schönem Garten. Nur 800 m vom Strand entfernt, dafür himmlisch ruhig.
  6, rue Proudhon, Wissant, Tel. +33/321/96 89 42, www.villaboreas-wissant.fr, **€**

Panama

Spanisches Kolonialflair und Wolkenkratzersilhouette in Panama City, Traumstrände an der Riviera Pacifica, tropische Urwaldlandschaften mit Tukanen, Faultieren und Brüllaffen, bizarr geformte Vulkanregionen, feiner Rum und natürlich der faszinierende Panamakanal mit seinen Monsterschiffen: Oh, wie schön ist Panama! Dabei ist der kleine Tiger mit seinem Bärenfreund tatsächlich gar nicht bis Panama gekommen.

»

Panama City in der Abenddämmerung: Wie ein breites glitzerndes Band zieht sich die lebhafte Avenida Balboa über drei Kilometer am Ufer des Pazifiks entlang.

Beinahe überirdisch präsentiert sich der Sonnenaufgang im Nationalpark Altos de Campana. Der 1967 gegründete Naturpark lädt zu anspruchsvollen Wanderungen ein, die mit grandiosen Panoramablicken belohnt werden.

Mit seinem exotischen Facettenreichtum, seiner unglaublich vielfältigen Flora und Fauna kann es Panama locker mit dem wesentlich bekannteren Costa Rica aufnehmen, aber die Wege sind viel kürzer. **Panama City** begeistert mit einer Atmosphäre, die der Hollywoodfilm »Der Schneider von Panama« eindrucksvoll präsentierte. Immer mehr Künstler und Designer lassen sich in den farbenfrohen und oft mustergültig restaurierten Kolonialbauten der Altstadt nieder, ein Weltkulturerbe. Nachts schallen Salsarhythmen aus den Bars.

WARUM JETZT?

Weil die US-Amerikaner lieber im Winter kommen, aus Angst vor der sommerlichen Regenzeit. Aber was bedeutet das schon: Es regnet ein wenig öfter, und es ist ein wenig wärmer. Dafür fallen die Preise schneller als ein tropischer Regenguss, der übrigens für besonders dramatische Sonnenuntergänge sorgt. Außerdem feiert die Stadt **Las Tablas** auf der traditionell geprägten Halbinsel **Azuero** im Juli mit der »Fiesta de la Santa Librada« eines der rauschendsten Feste Mittelamerikas. Im Rahmen dieses Patronatsfests kommen Frauen aus ganz Panama zusammen, um sich in der »pollera« zu zeigen. Bis zu einem Jahr kann es dauern, diese reich mit Blumenmotiven verzierten weißen Kleider zu fertigen. Dazu kommt verschwenderisch glitzernder Schmuck aus Gold und Perlmuscheln: Erbstücke, die über Generationen weitergegeben werden.

Bunt treiben es auch der orangebauchige Trogon, der rotbraune Motmot und der Halsband-Arakari, alles gefiederte Bewohner des ältesten Nationalparks von

Panama, **Altos de Campana**. Nur 55 km von Panama City entfernt liegt diese traumhafte Naturlandschaft mit zerklüfteten bewaldeten Felstürmen und Lavafeldern direkt an der Interamericana. Vielleicht erspäht man sogar einen der fast ausgestorbenen goldenen Frösche. Garantiert ist auf jeden Fall der Panoramablick auf die Berglandschaft und die Pazifikküste vom Aussichtspunkt **Caja de Agua**.

Brüllaffen begleiten jede Wanderung durch den nahe der Hauptstadt gelegenen **Nationalpark Soberanía**, der einen artenreichen Regenwald am Ostufer des Panamakanals schützt. Auf einer Bootsfahrt auf dem **Gatún-See** kommt man Monstertankern und riesigen Containerschiffen auf ihrem Weg durch den **Panamakanal** besonders nah. Am Ufer erspäht man Weißschulter-Kapuzineraffen, die besagten lautstarken Brüllaffen, Faultiere, Wasserschweine, Schildkröten, Krokodile und kunterbunte Tukane mit ihrem typischen Riesenschnabel.

Mit dem Boot erreicht man auch die Urwalddörfer der **Emberá** am **Rio Chagres**. Die indigene Bevölkerung begrüßt Besucher mit den rhythmischen Klängen traditioneller Trommeln, Flöten und Rasseln. Die Männer tragen »guayuco«, eine Art Lendenschurz, die Frauen wickeln sich in bunte Tücher, die »parumas«. Gerne »tätowiert« man die Gäste: Dabei wird aber nicht gestochen, sondern mit einem kleinen Hölzchen gemalt. Das Bio-Tattoo ist nach gut zwei Wochen wieder abgewaschen. Aber das Foto davon hält ewig.

FESTE UND EVENTS

» **»Fiesta de la Santa Librada«** in Las Tablas in der Provinz Los Santos, großes Fest zu Ehren der Schutzpatronin mit Gottesdienst, Prozession, Musikwettbewerben, Pferderennen, begleitet von einem großen Feuerwerk (um den 20. Juli)

HOTELS

» **Central Hotel Panamá**
Restauriertes Gebäude aus der Gründerzeit des Kanalbaus mitten in der Altstadt. Geschmackvolle Zimmer mit dunklem Tropenholz. Kleiner Außenpool auf der Dachterrasse, Wellnesscenter, Restaurant und Bar.

Plaza de la Independencia, Calle 5a Este, Panamá, Tel. +507/309 03 00, **€€€**

» **Cubita Boutique Resort & Spa**
Das attraktive Resort, dessen Architektur koloniale Akzente setzt, eignet sich perfekt als Standquartier während der »Fiesta de la Santa Librada« im nahen Las Tablas. Dazu ein schöner Pool, Spa, exzellente moderne panamesische Küche und ein kleines archäologisches Museum.

Vía Circunvalación, Chitré, +507/978 02 00, www.cubitapanama.com, **€€**

Tropisches Naturerleben verspricht der Chagres-Nationalpark am gleichnamigen Fluss. Neben Raftingtouren werden abendliche Bootsfahrten angeboten, bei denen man Krokodile beobachten kann.

AUGUST

Namaqualand

Südafrika

Pinguine und Löwen: Der riesige Westen Südafrikas könnte kontrastreicher nicht sein. Eine kühle, oft vernebelte Küste mit köstlichen Langusten, fruchtbare Obsthaine und Weinfelder, eine leere trockene Landschaft, die sich im Frühjahr in ein Blumenmeer verwandelt, tosende Wasserfälle und die faszinierende Tierwelt der Kalahari: Nur Zeit sollte man mitbringen.

Für die Oryxantilope verwandelt sich das sonst karge Namaqualand im Sommer in ein Schlaraffenland.

Der Weg ins Wildblumenparadies Namaqualand ist lang. Er führt durch den **West Coast National Park**, in dessen **Langebaan Lagoon** sogar Vögel aus den Sümpfen der sibirischen Tundra hier zwischen September und April überwintern. Auch Rosaflamingos aus der namibischen Etoscha-Pfanne kann man hier sehen.

WARUM JETZT?

Weil sich ab August das Bild in der staubtrockenen Sandveld-Region nördlich des Olifants River, das riesige Namaqualand, dramatisch ändert. Kaum ist hier der erste Regen gefallen, verwandelt sich das gelbbraune »Cinderella Country« in eine farbenprächtige Prinzessin. Mit der Wildblumenblüte des Namaqualand kann allenfalls die Halbwüste Westaustraliens konkurrieren. Das Wort »Gänseblümchen« bekommt hier eine ganz neue Dimension. Um Enttäuschungen zu vermeiden, sollten Sie aber erst losfahren, nachdem Sie den Wetterbericht eingeholt haben, denn ohne Regen keine Blumen!

Erst in **Kamieskron** gibt es nicht nur eine Tankstelle und einen Laden, sondern auch das Kamieskroon Hotel, die Anlaufstelle aller Blumenfans und Fotografen. Die vom WWF Südafrikas erworbene **Skilpad Wild Flower Reserve** (18 km nordwestlich, nur in der Wildblumensaison geöffnet) bekommt den meisten Regen ab, dementsprechend üppig präsentiert sich der Blütenteppich.

68 km nördlich von Kamieskroon liegt **Springbok**, das Zentrum des Namaqualandes. Die Stadt verdankt ihre Existenz den reichen Kupfervorkommen der Region und etwas, was in dieser Halbwüste wesentlich seltener ist: einer üppig fließenden Quelle. Größte Attraktion von Springbok ist jedoch die etwa 16 km südöstlich liegende **Goegap Nature Reserve**, deren Wildblumenblüte den Begriff »Farbe« neu definiert. Noch immer entdecken Botaniker neue Spezies. Früh aufstehen muss man nicht: Die meisten Pflanzen blühen nur zwischen 10 und 16 Uhr und folgen mit ihren Kelchen immer dem Lauf der Sonne. Beobachter und Fotografen sollten also immer die Sonne im Rücken haben.

In den zur Reserve gehörenden **Hester Malan Wildflower Gardens** kann man – auch außerhalb der Wildblumenzeit – über hundert verschiedene Aloen- und Sukkulentenarten bewundern, und einige gibt es nur hier. Auf einer 17 km langen Rundfahrt lernt man das Naturschutzgebiet mit dem eigenen Wagen kennen, doch lohnender ist es, vor Ort die dreistündige Geländetour zu buchen, die in entlegenere und aufregendere Winkel führt. Wüstenluchse, Bergzebras, Klippspringer sowie Spieß- und Springböcke warten! Drei Rundwanderungen führen durch den Park. Dabei erklimmt man verschiedene Hügel, von denen sich die schönsten Ausblicke auf den Blumenteppich bieten. Eine Route für Mountainbiker hat man auch eingerichtet, ebenso einen Weg für Reiter. Räder und Pferde muss man allerdings ausleihen.

FESTE UND EVENTS

» Ein sehr informelles **»Flower Festival«** findet im Namaqualand statt (Ende Aug.–Anf. Sept.). Die Hauptblütezeit liegt zwischen Juli und Oktober (www.namaqualandflowerfestival.co.za).

HOTELS

» **Kamieskroon Hotel**
24 gut ausgestattete Zimmer und fünf Apartments für Selbstversorger sowie ein Campingplatz.
Old National Road, Kamieskroon, Tel. +27/276 72 16 14, www.kamieskroonhotel.com, **€–€€**

» **Springbok Lodge & Restaurant**
Das familiengeführte kleine Hotel bietet in drei Gebäuden saubere, freundliche Zimmer mit Bad (einige auch mit Küche für Selbstversorger), und dazu die aktuellsten Wildblumentipps, denn Inhaber Jopie Kotze weiß nun wirklich alles über das Namaqualand.
37 Voortrekker St, Springbok, Tel. +27/277 12 13 21, https://springbok-lodge.business.site, **€–€€**

JUNI

Cape York Peninsula

Australien

»Where the rainforest meets the reef.« Backpacker aus aller Welt schwärmen vom Trip von Cairns zu den Urwaldstränden von »Cape Trib«. Damit ist Cape Tribulation 45 km nördlich von Port Douglas gemeint, wo Captain James Cook im Juli 1770 seine »H.M.S. Endeavour« auf das Great Barrier Reef setzte und nur mit Unterstützung der Aborigines wieder flott bekam.

»

Farne und meterhohe Fächerpalmen sind die Herrscher im tropischen Regenwald. Den Tieren im Daintree National Park bieten die Baumriesen ein dichtes, schützendes Blätterdach.

Das Great Barrier Reef vor der Küste Queenslands ist das größte Korallenriff der Welt und für seinen Artenreichtum bekannt. Doch der schöne Schein trügt: Die Erderwärmung macht dem Riff schwer zu schaffen und fördert die Korallenbleiche.

Die letzten größeren Flecken der einst riesigen tropischen Regenwälder Australiens sind heute Welterbe der UNESCO. **Port Douglas**, das binnen weniger Jahre vom verschlafenen Fischerdorf zum luxuriösen Strandresort und Jachthafen aufstieg, ist das Sprungbrett in den großartigen **Daintree National Park**, in dem Biologen noch immer neue Tier- und Pflanzenarten entdecken. Manche wuchsen schon vor 100 Mio. Jahren auf dem Urkontinent Gondwana.

WARUM JETZT?

Weil im tropischen Südwinter Australiens Trockenzeit herrscht, die australischen Winterferien und die nordamerikanischen Sommerferien aber erst Ende Juni/Anfang Juli beginnen. Wer auf den Inseln des **Great Barrier Reef** Urlaub macht, braucht jetzt keine lebensgefährlichen Quallen zu fürchten, und Abenteurer, die mit Geländewagen die wilde Halbinsel Cape York erkunden wollen, können jetzt die Flüsse durchfahren. Am besten geht man mit Aborigines auf »Walkabout« durch den Urwald. Auf den Traumzeitpfaden erfährt man viel Spannendes, etwa wie man in den Mangroven mit simplen Speeren Rochen und Krebse für das Abendessen erbeutet, mit Holz und Steinen Feuer macht, aus Blättern des Seifenbaums antiseptischen Schaum und aus Nüssen Sonnencreme herstellt und noch so manches Geheimnis aus der unerschöpflichen Apotheke des Buschs.

Tiefer hinein in das Land der Ureinwohner führen Expeditionen in die »The Tip« genannte Halbinsel **Cape York** im äußersten Norden Queenslands. Dazu braucht man Zeit, Abenteuerlust und ein zuverlässiges

Allradfahrzeug. Doch es ist schon ein Erlebnis, an der nördlichsten Spitze Australiens angekommen zu sein und über die **Torres-Straße** zu blicken. Auf deren Inseln ließen sich vor etwa 2000 Jahren melanesische und polynesische Stämme nieder, die mit den seit mindestens 30 000 Jahren auf Cape York ansässigen Aborigines regen Kontakt pflegten.

Es muss aber nicht die ganze Strecke sein. Ins historische **Cooktown**, wo Cook sein Schiff reparierte und 1872 ein Goldrausch ausbrach, kommt man inzwischen von Cape Tribulation auf asphaltierter Piste. Gute 300 km nördlich lernt man dann die faszinierende Welt uralter Felsmalereien der Aborigines kennen. Bei **Laura**, das auch mit dem Bus von Cairns zu erreichen ist, findet man die besonders farbenprächtigen Felsmalereien der **Quinkan Reserve**, in einer zerklüfteten Landschaft mit Steilabbrüchen und Höhlen, die den Gugu-Stämmen geschützte Lagerplätze boten.

Alle zwei Jahre feiert die Ang-Gnarra Community Ende Juni das »**Laura Quinkan Dance Festival**«, das für vier Tage an die 3000 Aborigines aus ganz Nord-Queensland versammelt. Bei den traditionellen Tanz- und Musikdarbietungen sowie Wettbewerben im Speer- und Bumerangwerfen sind Touristen als Zuschauer willkommen. Und wer Glück hat, dem zeigen einheimische Führer auch die fünf Felsüberhänge der **Giant Horse Gallery**, deren Malereien den ersten Kontakt der Aborigines mit den weißen Invasoren dokumentieren.

FESTE UND EVENTS

» **»Laura Quinkan Dance Festival«** (in ungeraden Jahren Anf. Juli, www.anggnarra.org.au/our-country/laura-dance-festival)

HOTELS

» **Daintree Eco Lodge & Spa**

Nach streng ökologischen Kriterien angelegte Traumunterkunft im Regenwald, die westlichen Hotelluxus und Einblicke in die Kultur der Aborigines bietet. 15 Villen mitten im Dschungel, das Julaymba Restaurant verwöhnt mit australischer Gourmetküche, im Spa warten Anwendungen, die in Zusammenarbeit mit den Aborigines entwickelt wurden.

3189 Mossman Daintree Rd., Daintree, Tel. +61/7/47 77 73 77, www.daintree-ecolodge.com.au, **€€€**

» **East Bedarra Island Resort**

»Das Paradies hat eine Adresse«, verspricht dieses kleine, exklusive Resort auf einer der schönsten Inseln Australiens. Der Beach Bungalow hat einen eigenen Pool, das Tree House ist naturnah konzipiert, und die Princess Villa ist ein Meisterstück des Innendesigns.

Bedarra Island, Tel. +61/7/40 67 53 11, www.eastbedarra.com.au, **€€€**

Die Kultur der Aborigenes – Musik, Tanz und Gesang – steht im Mittelpunkt des »Laura Quinken Dance Festivals«. Diese Tradition wird seit den 1980er-Jahren gepflegt und an die nächste Generation weitergegeben.

Portugals Norden

»Aqui nasceu Portugal« verkünden große Lettern an der Stadtmauer von Guimarães: Hier wurde Portugal geboren. Tatsächlich ist das kleine Guimarães, Kulturhauptstadt 2012, die Wiege der portugiesischen Nation, die hier im 12. Jh. von Afonso Henriques gegründet wurde, nachdem er die Mauren vertrieben und sich zum König ausgerufen hatte.

»

Spaßmacher vom Dienst: Alljährlich im August, bei der »Romaria da Senhora da Agonia«, belustigen gigantische »Dickköpfe« aus Pappmaschee die Zuschauer im Zentrum von Viano do Castelo.

Das Flair von Guimarães machen auch die verwinkelten Gassen mit den farbenfroh gekachelten Hausfassaden aus. Das Städtchen, seit 2001 UNESCO-Welterbe, gilt als Geburtsort von Portugals erstem König Afonso Henriques.

Aber trotz der malerischen Altstadt mit ihren engen Gassen, romantischen Plätzen und gotischen Bauwerken wirkt **Guimarães** keineswegs museal. Die Universität sorgt dafür, dass die zahlreichen Straßencafés auch an der besonders schönen Praça São Tiago, wo der Apostel Jakob einst ein Marienbild in einem heidnischen Tempel aufgestellt haben soll, immer gut besucht sind.

WARUM JETZT?

Weil das Wetter schon im Frühsommer angenehm warm und sonnig ist und zwei der bedeutendsten Events im Juni und August stattfinden. In **Tenões**, 6 km östlich von Braga, rutschen zu Pfingsten noch immer Pilger die tausend Stufen der prunkvollen doppelläufigen Barocktreppe zur Wallfahrtskirche Bom Jesus do Monte auf Knien hinauf. Kapellen, Terrakottafiguren und allegorische Brunnen schmücken die einzelnen Treppenabschnitte. Der Gläubige beginnt unten mit den 14 Stationen des Kreuzwegs, gefolgt von der Treppe der fünf weltlichen Sinne Sehen, Hören, Riechen, Schmecken und Fühlen, und erreicht schließlich die Symbole der drei christlichen Tugenden Glaube, Hoffnung und Nächstenliebe.

Auch in der benachbarten Stadt **Braga**, die sich nicht nur wegen ihrer romanischen Kathedrale stolz als Portugals religiöse Hauptstadt bezeichnet, herrscht trotz der wuchtigen mittelalterlichen Mauern fröhliches Studentenleben bei unzähligen Gläsern spritzigem Vinho Verde. Einige Kilometer westlich von Braga liegt das hübsche alte Städtchen **Barcelos**, in dem am Donnerstag der wohl größte Wochenmarkt Portugals stattfindet. Wegen der hier wohnenden Studenten herrscht in Barcelos ein so lebhaftes Nachtleben, dass Vergnügungssüchtige am Wochenende sogar aus Porto anreisen.

Etwas weiter nordwestlich und direkt am Meer liegt **Viana do Castelo**, das schon die Römer »pulchra«, die Schöne, nannten. Heute verströmt die von Renaissancepalästen gesäumte Praça da Republica, auf der König Manuel I. einst höfische Feste inszenieren ließ, ein geradezu italienisches Flair. Die Sandstrände rund um Viana zählen zu den schönsten der nordportugiesischen Küste, aber überlaufen sind sie auch im Sommer nie. In Viana findet rund um den 20. August das farbenprächtigste Spektakel Portugals statt, die »Romaria da Senhora da Agonia«. Hunderte von Mädchen und Frauen aus Viana legen die alten Familientrachten an: weiße Blusen mit roten Tüchern, schwarze Röcke mit roten Schürzen und jede Menge filigranen Goldschmuck. Überdimensionale »Dickköpfe« aus Pappmaschee, die »cabeçudos«, treiben Schabernack, während man die schmerzensreiche Madonna über einen Hunderte Meter langen Blumenteppich zu einem Fischerboot trägt. Dieses bringt sie den Fluss Lima hinab aufs hohe Meer, wo sie gesegnet wird. Auch Nichtgläubigen muss man empfehlen, die 742 Stufen zur Wallfahrtskirche **Santa Luzia** hinauf zu pilgern oder die historische Standseilbahn zu nehmen, denn von dort oben bietet sich ein herrlicher Ausblick über die Stadt und die endlose Atlantikküste.

FESTE UND EVENTS

- **»Romaria da Senhora da Agonia«** in Viana do Castelo (um den 20. Aug.)
- **Wallfahrt** zur Kirche Bom Jesus do Monte (an Pfingsten)

HOTELS

Pousada Viana do Castelo
Die vorderen Zimmer dieser Pousada bieten herrliche Ausblicke auf die Basilika und die Küste. Schöner Außenpool und ein Magic Spa. Sehr gute Küche mit regionalen Köstlichkeiten.

Monte de Santa Luzia, Viana do Castelo, Tel. +351/258/80 03 70, www.pousadas.pt, **€€-€€€**

Hotel da Oliveira
In dieser eleganten Pousada lässt sich die historische Atmosphäre von Guimarães vortrefflich genießen. Sie wurde in mehreren Häusern aus dem 16. Jh. eingerichtet. Die Zimmer sind ein wenig dunkel, aber sehr komfortabel. Das vorzügliche Restaurant serviert Spezialitäten aus dem Minho.

Largo da Oliveira 14, Guimarães, Tel. +351/253/51 41 57, www.hoteldaoliveira.com, **€€**

Heiligtum am Stadtrand von Braga: Bom Jesus do Monte (»Guter Jesus vom Berg«). Zu der Wallfahrtskirche auf einer Anhöhe führt eine Treppe mit 581 Stufen. Weniger mühsam erreicht man die Pilgerstätte mit der Drahtseilbahn.

JUNI
AUGUST

Toledo
Spanien

In der islamischen Welt galt Toledo, selbst als sie es schon an die Christen verloren hatte, als »Mittelpunkt Europas«. Denn in der ältesten Hauptstadt Spaniens sind drei Weltreligionen lange weitgehend friedlich miteinander ausgekommen und haben sich intellektuell wie künstlerisch gegenseitig befruchtet.

Mit roten Fahnen, Girlanden und Blumenschmuck putzt sich Toledo für Fronleichnam festlich heraus.

Die ihrem islamischen Glauben treu gebliebenen Mudéjaren drückten der Stadt ihren kunsthandwerklichen Stempel auf, die jüdischen Sepharden leisteten Unschätzbares in der Wissenschaft. Aus Toledo kamen die ins Lateinische übersetzten Werke von Aristoteles, Galienus und Ptolemäus ins christliche Europa. Über Sufi al-Gazzali, den Neuplatoniker Ibn-Gabirol, den Aristoteliker al-Farabi und dessen großen Schüler Avicenna wanderte das Wissen an die neu gegründete Universität von Paris.

WARUM JETZT?

Weil nirgendwo in Spanien Fronleichnam mit mehr Inbrunst gefeiert wird als in Toledo, und das eine Woche lang. Plätze und Gassen werden während der **»Semana Grande«** mit Lampions und Girlanden geschmückt. Kinder bewundern die »Giganten«: meterhohe Gestelle in bunter Kleidung, die durch die Straßen paradieren. Höhepunkt ist die Prozession mit der 160 kg schweren Monstranz aus Gold und Silber mit dem Leib Christi.

Die »Semana Grande« bietet die einmalige Gelegenheit, die sonst von schweren, eisenbeschlagenen Holztüren verschlossenen Patios der einstigen Herrenhäuser zu bewundern. Jetzt finden in diesen wunderschönen Höfen Konzerte statt, auch mit sephardischer Musik aus der jüdischen Tradition der Stadt. Noch heute kann man die typischen Elemente der Mudéjar-Architektur auch in zwei wunderschönen Synagogen bewundern. Im großen Saal von **El Tránsito**, 1357 erbaut, sieht man sich nicht satt an den Fächerbögen, Doppelsäulen, hebräischen Schriftbändern, Arabeskenfriesen und der polychromen Lärchenholzdecke. Gleich nebenan erinnert die um 1275 erbaute Synagoge **Santa Maria la Blanca** an eine zauberhafte Moschee mit almohadischen Hufeisenbögen, die auf 24 Achteckpfeilern ruhen. Häkelmuster aus Gips und Blendbögen überziehen die Arkadenwände. Die Mudéjar-Kunst islamischer Handwerker übernimmt das Vokabular arabisch-islamischer Dekoration und integriert es spielerisch in romanische und gotische Strukturen. Selbst im Chorumgang der riesigen Kathedrale fühlt man sich aufgrund der Fächerbogen und hängenden Verzierungen fast wie in einer Moschee. Die **Capilla de San Eugenio** zeigt eine herrliche mudéjare Wanddekoration mit geometrischen Mustern und stalaktitenartigen Formen, wie man sie aus der Alhambra in Granada kennt, und im **Kapitelsaal** bewundert man eine meisterhafte Artesonado-Decke aus Holz.

Ausgerechnet Isabella die Katholische demonstrierte mit ihrem Kloster **San Juan de los Reyes**, was 1478, kurz vor der Eroberung Granadas, in Toledo möglich war. In den fließenden Formen des hier zur Meisterschaft gelangten »Estilo Isabelino« verschmelzen gotische Strukturen mit flamboyantem Ziermuster, islamischer Flächendekoration und mudéjarem Ornament. Die manieristischen Verzückungsbilder El Grecos stehen dagegen für eine neue Zeit. Für Juden und Moslems war kein Platz mehr, und auf »neue« Christen wartete die Inquisition.

FESTE UND EVENTS

» **»Semana Grande«** rund um Fronleichnam (meist Anf. Juni)

HOTELS

» **Hotel Pintor El Greco**
Mitten im jüdischen Viertel an einem lauschigen Platz bietet dieses malerische Hotel charmante Zimmer. Schöner Patio, Salon, Terrasse und Bar.

Calle Alamillos del Tránsito 13, Tel. +34/925/28 51 91, www.hotelpintorelgreco.com, **€€**

» **Parador de Toledo**
Etwa 4 km außerhalb der Stadt bietet dieser auf einem grünen Hügel gelegene luxuriöse Parador einen berückenden Panoramablick auf die Stadt. Zimmer mit Terrasse, schöner Pool.

Cerro del Emperador, Tel. +34/925/22 18 50, www.parador.es, **€€**

JULI
AUGUST

Barbados
Kleine Antillen

Die Karibikinsel liegt etwas abseits des Antillenbogens, und auch sonst leistet sich Barbados einige Extravaganzen. Wo sonst außer in London gibt es einen Trafalgar Square nebst Nelson-Denkmal, auf dem uniformierte »Bobbies« den Verkehr regeln, wo sonst tagt ein seit 1637 bestehendes Parlament mit Perücken tragenden Abgeordneten?

Die Bottom Bay im Süden von Barbados: Hier wird die Vorstellung vom karibischen Traumstrand Realität.

»Little England« hat man Barbados oft genannt. Auch landschaftlich liegt Großbritannien näher, als man denkt: Von einem **Cherry Tree Hill** blickt man auf grünes Hügelland namens **Scotland District**, die windgepeitschte felsige Atlantikküste bei Batsheba erinnert an Cornwall, die englischen Pfarrkirchen könnten genauso gut in Sussex stehen. Cricket spielt man schon lange besser als in England, und um 17 Uhr ist »Tea Time«.

WARUM JETZT?

Weil das Klima auf Barbados auch im Sommer aufgrund der beständig wehenden Passatwinde gut auszuhalten ist und an der offenen Atlantikküste stets angenehme Kühle herrscht. Auch die Wirbelstürme toben sich weiter nördlich aus. Wirklich heiß her geht es dagegen während des sommerlichen Karnevals **»Cropover«**, der noch immer größtenteils eine Angelegenheit der Einheimischen ist. Früher bedeutete »Cropover« den Abschluss der Zuckerrohrernte im Hochsommer. Das war der eine Tag im Jahr, an dem die Sklaven frei bekamen und nach Herzenslust feiern, tanzen, trommeln, schlemmen und trinken durften. Heute zieht sich selbst die heiße Phase von »Cropover« über Wochen hin. Anfang August bricht das letzte Karnevals-Wochenende an. Am Freitag wird bei den Calypso-Finals im National Stadium der »Pic o-de-Crop« des Jahres ermittelt. Die Nacht zum Sonntag ist besonders lang: Zuerst hämmern die Steelbands von Barbados um die Wette, dann tanzt man beim »Fore-Day Morning Jump-Up« bis zum Sonnenaufgang.

Jetzt aber schnell eine Mütze Schlaf nehmen, denn bei der Riesenshow des **»Cohobblopot Sunday«**, ebenfalls im National Stadium, paradieren Queens und Kings der einzelnen Bands in kunstvollen Kostümen 7 Std. lang vor einem begeisterten Publikum, während über 200 Künstler und die Top-Bands der Insel auftreten. Absoluter Höhepunkt ist dann die große **Straßenparade** des »Grand Kadooment«. Dabei wird der meistgespielte Calypsonian zum »King of the Road« gekürt. Es ist »Bacchanal Time«, und alles endet in hemmungslosem, aber umso fröhlicherem Chaos, weil das Publikum sich natürlich in den »Jump up« einmischt. Am Strand, nach spontaner »Cropover«-Beachparty, bewundert man schließlich das Feuerwerk am nächtlichen Himmel.

Lust auf Entspannung? An der wellenumtosten **Ostküste** sind die Strände weitgehend touristenfrei, dafür sieht man viele bunte Fischerboote, Seevögel und friedlich grasende Kühe. In den Andromeda Botanical Gardens von **Batsheba** lernt man eine Vielzahl von exotischen Pflanzen kennen: Hibiskus in allen Farbnuancen, Fächerpalmen, Helikonien, Poinsettia und Frangipani, umschwirrt von bunten Kolibris. Stars der Gärten sind einige Feigenbäume, deren Hängewurzeln den an der Küste entlangsegelnden portugiesischen Seefahrer Pedro a Campos um 1536 an bärtige Männer (»Os Barbados«) erinnerten, daher der Inselname.

FESTE UND EVENTS

» Karneval **»Cropover«** (Ende Juli–Anf. Aug.)

HOTELS

» **The Atlantis Hotel**
Spektakuläre Lage hoch über der felsigen Küste von Batsheba. Die Zimmer sind mit Antiquitäten möbliert. Unbedingt eines mit Panoramafenster zum Ozean buchen! Exzellentes Restaurant.

Tent Bay, Batsheba, St. Joseph, Tel. +1/246/ 433 94 45, www.atlantishotelbarbados.com, **€€€**

» **ECO Lifestyle & Lodge**
In spektakulärer Lage hoch über dem Surferstrand schläft man in fünf geräumigen Zimmern, die im Kolonialstil eingerichtet sind. Auf Veranden mit Meerblick kann man in Hängematten herrlich relaxen, eine stets frische Brise vom Atlantik ersetzt die Klimaanlage. Im Restaurant wird bodenständige Inselküche serviert.

Tent Bay, Bathsheba, St. Joseph, Tel. +1/246/ 433 94 50, www.ecolifestylelodge.com, **€€**

JUNI

Bali

Fast wäre man hineingetreten in die bunten »baten jotan«, kleine geflochtene Körbe oder zu flachen Schalen geformte Palm- und Bananenblätter, in denen Hibiskusblüten, Räucherstäbchen, gekochter Reis und ein paar mit Kurkuma gefärbte Kokosraspel liegen – tägliche Opfergaben, um die Götter milde zu stimmen, deponiert am Straßenrand, in Hauseingängen, an gefährlichen Kreuzungen.

Tempeltänzerin beim »Bali Arts Festival«, das balinesische Traditionen bewahrt und zelebriert.

Eine vom Hinduismus geprägte Kultur findet hier ihren Ausdruck in Bildern von betörend-exotischer Schönheit. Sie zeigt sich in der anmutigen Körperhaltung der Balinesinnen, die kunstvolle, zu kleinen Türmen arrangierte Opfergaben mit Reiskuchen, exotischen Früchten und Blumen auf den Köpfen zu den Dorftempeln balancieren. Und das kann jeden Tag passieren, denn jeder der vielen Tausend Tempel auf Bali feiert einmal im Jahr Geburtstag. Wo sonst auf der Welt werden Straßen gesperrt, damit eine Prozession von Frauen und kleinen Mädchen mit goldfarbenen Diademen auf dem Kopf sich zu einem Fest für Brahma, Vishnu oder Shiwa, für deren Gemahlinnen Saraswati, Sri und Parwati oder für andere übernatürliche Wesen, Naturkräfte, Geister, Dämonen und Ahnen begeben kann?

WARUM JETZT?

Weil der trockene Juni als perfekter Reisemonat gilt, die meisten Australier aber erst im Juli kommen. Trotzdem beginnt das »**Bali Arts Festival**«, auch Pesta Kesenian Bali genannt, schon Mitte Juni. Nach einer großen Eröffnungsprozession finden die Hauptveranstaltungen des Festivals im Taman Werdhi Budaya Arts Centre in **Denpasar** statt. Die perfekte Gelegenheit, authentischen Legong-Tanz zu erleben, den junge Mädchen mit unbekümmerter Hingabe an das Spirituelle aufführen. Millimetergenau sind die Körperhaltungen vorgeschrieben, selbst die einfachsten Grundpositionen des Legong sind hoch kompliziert. Mit unnachahmlicher Eleganz flattern die Finger, die Augen rollen spektakulär hin und her, während das Gamelan-Orchester den auf einer Sieben-Tonleiter gestimmten Semar-Pegulingan-Instrumenten die süßesten Töne entlockt.

Szenen aus den großen Hindu-Epen »Ramayana« und »Mahabharata« sind beim Legong besonders beliebt. Das gilt auch für das während des Festivals ebenfalls zu sehende indonesische Schattenspiel »Wayang Kulit«, das seit über 2000 Jahren zu religiösen Festen und Familienfeiern im Licht einer Öllampe mit aus Leder gestanzten Puppen hinter einer Leinwand aufgeführt wird. Auch hier ist das Grundmotiv der ewig währende Kampf zwischen den Mächten des Guten und des Bösen. Die Guten – edle Fürsten, zarte Prinzessinnen, tapfere Krieger – erkennt man an ihren mandelförmigen Augen und spitzen Nasen, die Bösen an Glotzaugen und Knollennasen, die Lustigen an ihren dicken Bäuchen. Der »Dalang«, der Puppenspieler, ist ein Meister seines Fachs: Bis zu acht Figuren meistert er gleichzeitig, und abhängig von ihrem gesellschaftlichen Rang lässt er sie altjavanisches Kava, Sanskrit oder Nieder-Balinesisch sprechen. Erst wenn er den »Kekayon«, das Symbol für die Weltachse, in die Mitte vor die Leinwand gestellt hat, ist die stundenlange Vorstellung vorbei – oft dämmert dann schon der Morgen. Und das tut er nirgendwo schöner als auf Bali, vor der Kulisse der Tempelanlage **Pura Ulan Danu** am heiligen **Bratan See** oder über dem Vulkan **Gunung Batur** und seinem Kratersee. Einer der zahlreichen Beinamen der Götterinsel lautet schließlich »Morgen der Welt«.

FESTE UND EVENTS

» **»Bali Arts Festival«** (Pesta Kesenian Bali) (Mitte Juni–Mitte Juli)

HOTELS

» **Amankila**
34 luxuriöse Bungalows mit Veranda, terrassenförmig an einem steilen Hang an der Ostküste nahe Candi Dasa angelegt. Puristische Innenausstattung, riesiger Infinity Pool.

Jl. Raya Manggis, Manggis, Tel. +62/363/413 33, www.aman.com/resorts/amankila, **€€€**

» **Four Seasons Jimbaran**
Exklusives Fünf-Sterne-Resort an der Südspitze Balis mit 147 Villen in Terrassenlage inmitten üppig blühender Gärten. Infinity Pool mit Wasserfall, toller Spa.

Jimbaran, South Kuta, Tel. +62/361/70 10 10, www.fourseasons.com, **€€€**

JUNI

Ostseefjord der Schlei

Leuchtend gelbe Rapsfelder, sattgrüne Wälder und tiefblaues Meer: Immer wieder herrliche Ausblicke auf das weite Land mit seinen von Hecken gesäumten Wiesen und Feldern machen den Reiz der Landschaft Angeln aus, die ihren Namen immerhin England verdankt.

Die Schlei, ein Meeresarm der Ostsee (hier bei Lindaunis), macht jeden Ort in Angeln zum Idyll.

Einst fuhren die Drachenschiffe der Wikinger den Ostseefjord der Schlei nordöstlich von Schleswig hinauf. Immerhin war die **Wikingersiedlung Haithabu** am Haddebyer Noor um das Jahr 1000 eine der größten Handelsstätten des nördlichen Europas. In der Schiffshalle des Museums von Haithabu ist ein Langschiff zu sehen, das im dortigen Hafen ausgegraben und wieder zusammengesetzt wurde. Ein Meisterwerk nordischer Bildschnitzerkunst des ausgehenden Mittelalters ist der Bordesholmer Altar im gotischen Dom von **Schleswig**.

WARUM JETZT?

Weil im Juni die vielen Bauerngärten Angelns Schneeweißchen (Rosa alba Maxima) und Rosenrot (Rosa centifolia Major) besonders schön blühen, zum Beispiel auf dem bereits 1635 errichteten Holländerhof **Bartel** in **Wagersrott** mit über 100 historischen Rosensorten aus der Landschaft Angeln. Wer fleißig die TV-Serie »Der Landarzt« geguckt hat, wird sofort »Hinnerksens Kräutergarten« wiedererkennen. Sehr romantisch ist auch der gastfreundliche Bauerngarten **Chalupka**. Hier blüht die herrlich duftende Rose »Schöne aus Angeln«, auch Apothekerrosen, Damaszenerrosen und Centifolien schmücken den Garten. Hier findet man Obstraritäten wie Angler Rübeapfel, Beretzkys Birnenquitte und Altländer Pfannkuchenapfel. Auf dem Bienenhaus gedeihen Haus-, Stein- und Donnerwurz: alte Heil- und Zauberpflanzen, um die sich manche Hexen- und Koboldsgeschichten ranken. Auf **Gut Krieseby** erfreuen herrliche alte Lindenalleen, Blutbuchen, Esskastanien, Magnolien, Rhododendren und Azaleen, ja sogar eine 800 Jahre alte Eiche das Auge. **Gut Louisenlund** (heute Internat) lockt mit einem Landschaftsgarten im englischen Stil und zahlreichen Anspielungen auf freimaurerische Mythologie und aufklärerisches Gedankengut.

Im skulpturengeschmückten Bibelgarten des 800 Jahre alten **St. Johannisklosters** in Schleswig wachsen viele in der Heiligen Schrift erwähnte Pflanzenarten: Wein und Wermut, Judasbaum und Jakobsleiter, Weizen, Alraune, Granatapfel, Madonnenlilie, Feigen- und Ölbaum. Mit dem Neuwerkgarten von **Schloss Gottorf** ließ wiederum Herzog Friedrich III. 1637 den viel bewunderten ersten Barockgarten Mitteleuropas anlegen. Der um 1660 entstandene vierbändige »Gottorfer Codex« bildet 1180 exotische Schmuckpflanzen ab, darunter die Hundertjährige Aloe, die in einem beheizbaren Gewächshaus überwinterte. Im **Globusgarten** werden heute wieder Pflanzen des Codex gehegt. Hier steht das Globushaus, in dem der Nachbau des 1664 vollendeten begehbaren Riesenglobus zu sehen ist, dessen Original sich seit 1717 in St. Petersburg befindet. Von seiner Dachterrasse bietet sich ein herrlicher Blick über die italienisch inspirierten Terrassengärten, Broderien und auf den Herkulesteich.

FESTE UND EVENTS

» **»Schleswiger Wikingertage«.** Direkt an der Schlei wird ein großes Wikingerdorf aufgebaut. Schaukämpfe, Axtwerfen, Bogenschießen und Holzschnitzen stehen auf dem Programm (alle zwei Jahre im Aug., www.wikingertage.de).

HOTELS

» **Hotel Alter Kreisbahnhof**
Das gemeinnützige Hotel ist in einem denkmalgeschützten Bahnhof untergebracht. Es beschäftigt viel Personal mit Handicap und ist besonders behindertenfreundlich eingerichtet. Restaurant mit regionaler Hausmannskost, saisonalen Fischgerichten und nachmittags hausgemachten Torten und Kuchen.

Königstr. 9, Schleswig, Tel. 046 21/302 00, www.hotel-alter-kreisbahnhof.de, **€€**

» **Bed & Breakfast am Dom**
Schleswigs charmanteste Unterkunft in einem liebevoll renoviertem Altstadthaus. Dazu kommt ein vorzügliches Frühstück mit selbstgemachter Marmelade.

Töpferstr. 9, Schleswig, Tel. 046 21/48 59 91, www.bb-schleswig.de, **€**

Mittenwald und das Karwendel

»Nun aber bei dem Glanze der aufgehenden Sonne die dunkeln, mit Fichten bewachsenen Vordergründe, die grauen Kalkfelsen dazwischen und dahinter die beschneiten höchsten Gipfel auf einem tieferen Himmelsblau, das waren köstliche, ewig abwechselnde Bilder.« Mit diesen Eindrücken verließ Goethe 1786 das kleine oberbayerische Mittenwald.

»

Der kleine Geroldsee in der Alpenwelt Karwendel. Zu dem Moorsee nahe der Deutschen Alpenstraße führt ab Klais ein schöner Wanderweg.

»Lüftlmalerei« heißt in Bayern die hohe Kunst der Fassadenmalerei. In Mittenwald, wo sie zur Vollkommenheit gelangt ist, bezaubern der bemalte Kirchturm am Obermarkt und der Gasthof Alpenrose gegenüber.

Seine Glanzzeit erlebte Mittenwald ab 1487, als die Venezianer den **Bozner Markt** für fast 200 Jahre ins sichere Mittenwald verlegten und der Ort unverhofft zum Hauptumschlagplatz der Handelsrepublik Venedig für Luxuswaren aus Italien und dem Orient – Samt und Seide, Gewürze und Südfrüchte – avancierte. Alle fünf Jahre feiert die Stadt – übrigens Deutschlands höchstgelegener Luftkurort – eine Augustwoche lang das Jubiläum ihres Bozner Marktes in historischen Gewändern. Wirklich berühmt wurde Mittenwald aber durch die Kunst des Geigenbaus und seine Lüftlmalerei. Viele dieser farbenprächtigen Bilder, die die Hauswände zieren, stammen aus dem 18. Jh. Darstellungen von Schutzpatronen waren immer besonders begehrt, aber auch Szenen aus der Lokalgeschichte und vom Bozner Markt schmücken die Fassaden der Bauernhäuser.

WARUM JETZT?

Weil die Natur im Karwendel im Frühsommer besonders verschwenderisch mit ihren Farben umgeht. Ein Erlebnis ist die Wanderung über die dann mit Enzian, Alpenprimeln, Hahnenfuß und Trollblumen übersäten Buckelwiesen bei **Klais**, mit grandiosem Blick auf das noch schneebedeckte Westmassiv des Wettersteingebirges mit **Alp-** und **Zugspitze**. Besonders schön spiegeln sich an windstillen Abenden die Ausläufer des Karwendel im **Geroldsee**. Viel fotografiert wird auch die im Abendlicht aufglühende kühlblaue Bergkulisse am **Schmalensee**. Um das goldgelbe Farbspiel der bis zu 600 Jahre alten Ahornbäume zu erleben, zieht im Oktober eine wahre Blechkarawane am Rissbach entlang zum **Großen Ahornboden** in Tirol am Talschluss in der **Eng**, doch im Juni ist es hier ohne Menschenmassen nicht minder schön. Noch weniger Besucher, dafür mit der Kulisse der steil abfallenden grauen Nordwände der Hinterautal-Vomper-Kette, bietet der **Kleine Ahornboden**, den man über einen zweistündigen Anstieg durch das **Johannestal** erreicht. Eine der großartigsten Aussichten der Karwendelszenerie liefert der **Schafreuther** (2102 m). Der kürzeste Anstieg erfolgt vom **Risstal**, ein wesentlich längerer von Fall am tiefblauen **Sylvensteinstausee**, der aussieht wie ein bayerischer Fjord.

Unzählige Wege führen durch das österreichische Karwendel: Genusswanderer lieben den Weg von der Eng hinauf zur spektakulär vor der Kulisse der Lalliderer Wände gelegenen **Falkenhütte** (1848 m), Mountainbiker zieht es ins vordere **Lehntal**, eine wildromantische Schlucht mit bizarr geformten Felszacken, und weiter auf einem breiten Forstweg zur **Eppzirler Alm** (1459 m) mit Panorama der Zweitausender.

Münchner stehen geradezu in der Pflicht, mit dem Radl durchs Hinterautal die Quellen der ungebändigten **Isar** aufzusuchen, die hier auch das Ziel ambitionierter Kajakfahrer ist. Echte Profis wagen sich auf den harmlos **»Mittenwalder Höhenweg«** genannten hochalpinen Klettersteig. Gehfaule können es bei einer steil angelegten Fahrt mit der Karwendelbahn (Bergstation 2244 m) belassen und in nur 45 Min. das kurze Stück zur **Westlichen Karwendelspitze** (2384 m) per pedes bewältigen.

FESTE UND EVENTS

- **Fronleichnamsprozession** in Mittenwald (Juni)
- **Sommersonnwendfeiern** in den Bergen (21. Juni)
- **»Musiksommer Mittenwald«** (Mai–Okt.)
- **»Bozner Markt«**, Mittenwald (1. Aug.-Hälfte, alle fünf Jahre, das nächste Mal 2024)

HOTELS

Haus Schweigart
Karin und Fabrizio bieten gemütliche Ferienwohnungen mit herrlichem Blick auf Karwendel- und Wettersteingebirge. Der von der »Alpenwelt Karwendel« eingerichtete kostenlose Wanderbus hält in der Nähe.

Ludwig-Murr-Str. 2, Mittenwald, 01 71/812 21 74, www.haus-schweigart.com, **€–€€**

Gästehaus Bergzauber
Im bayerischen Landhausstil eingerichtete, komfortable Zimmer und Apartments, dazu ein opulentes Frühstück und eine Servicestation für Radler und Mountainbiker (inkl. Verleih). Ruhig gelegen, freundliche familiäre Atmosphäre.

Klausnerweg 26, Mittenwald, Tel. 088 23/939 60, www.bergzauber.de, **€**

Herrliches Terrain zum Wandern und Wohlfühlen: der Große Ahornboden mit der Engalm. Ausgesprochen eng wird es hier im Herbst, wenn Besucherscharen »Indian Summer Feeling« tanken wollen. Daher lieber antizyklisch reisen …

Zermatt
Wallis

»Nachdem so viel über das Matterhorn geschrieben worden ist, brauche ich keine ausführliche Schilderung des Berges mehr zu geben.« Diese Zeilen stammen von Edward Whymper, einem der drei Überlebenden der 7er-Seilschaft, die 1865 das Matterhorn eroberte. In seinem Buch beschrieb er den Berg, auf dessen Gipfel er als Erster stand, dann aber umso ausführlicher.

»

Aug' in Aug' mit dem Matterhorn. Im Bergsteigerdorf Zermatt hat man das Schweizer Wahrzeichen mit seiner markanten Gestalt immer im Blickfeld.

Wer sich dem Matterhorn auf bequeme Weise nähern möchte, steigt in die Gornergrat Bahn. Von Zermatt bringt die Zahnradbahn Besucher auf 3100 Meter Höhe – die majestätische Bergwelt stets vor Augen.

So ist das eben mit dem Matterhorn: Jeder kennt es, jeder könnte es beschreiben, ohne je im Schweizer Kanton Wallis gewesen zu sein. Und dann spaziert man durch die Bahnhofstraße in Zermatt, sieht »ds Horu« im Hintergrund aufragen wie eine Toblerone-Werbung und will es immer wieder sehen, und möglichst ohne die modernen Hotelchalets von Zermatt im Vordergrund. Bequem ist die Fahrt mit der Zahnradbahn der »Matterhorn Railway«, vorbei an Alpwiesen, Steinschluchten und Gebirgsseen, zur sonnigen Aussichtsplattform des Gornergrats (3131 m). Hier eröffnet sich ein Gebirgspanorama mit 29 Viertausendern. Aber nur wer dort oben, im höchstgelegenen Hotel der Schweiz übernachtet, erlebt den traumhaften Sonnenaufgang, wenn die ersten Strahlen der Morgensonne die schneeweißen Gipfelspitzen in glühendes Rosa tauchen. Am Abend dann das gleiche Schauspiel in Blutorange: Selbst Zyniker schweigen hier.

WARUM JETZT?

Weil der Frühsommer eine Zwischensaison im teuren Wallis und die große Zeit der **Blumenfreunde** ist. Besonders im **Naturschutzgebiet Gornergrat** unterhalb Gornerli blühen seltene Alpenblumen, darunter einige, die es nur rund um Zermatt gibt. Die Alpen-Aster gesellt sich gern zum Edelweiß, das Alpen-Steinkraut gedeiht am Südabhang des Gornergrats, das Doldentraubige Täschelkraut schätzt Säuerlingsfluren. Weltweit einzigartig sind auch Schnee-Edelraute, Niedrige Rapunzel, Hallers Greiskraut, Gefranste Segge, Behaarte

Polster-Miere und der Stein-Klee. Die größte botanische Vielfalt bietet der ab Juni begehbare Wanderweg **Rotenboden-Gornergrat** über die Seitenmoräne des Gornergletschers. Mit der App des Standardwerks »Flora Helvetica« kann man über 3000 in der Schweiz wachsende Pflanzen finden und bestimmen. Unbedingt auch eine Lupe mitnehmen! Wer's bequem mag, begibt sich auf den **Blumenweg bei Sunnegga** oder wählt den ab Juli begehbaren, 3,5 km langen **Botanischen Lehrpfad** von Zermatt nach Trift.

Erfahrene Bergwanderer übernachten im **Berggasthaus Trift** (2337 m), schon des traumhaften Sonnenuntergangs wegen. Außerdem kann man am nächsten Morgen von hier aus die »schönste Bergwanderung Europas« unternehmen, die über **Höhbalmen am Zmuttgletscher** entlang zur **Schönbielhütte** (2694 m) führt: mit ultimativem Blick auf das hier besonders imposant aufragende Matterhorn. Von der Schönbielhütte führt die Wanderung weiter zur **Hörnlihütte**, die für ihre spektakulären Sonnenaufgänge berühmt ist. Sehr familienfreundlich ist der Ausflug auf das **Rothorn** (3103 m), das man über befestigte Wanderwege erreicht, und wer müde wird, steigt unterwegs auf die Seilbahn um. Vom Rothorn bietet sich eine besonders interessante Ansicht des **Klein Matterhorns** (3884 m). Beeindruckend präsentiert sich auch der **Findelengletscher**. Ein besonders schönes Fotomotiv ist der 2536 m hoch gelegene **Stellisee**, in dem sich fotogen das Matterhorn spiegelt. Zum Niederknien sind hier die Sonnenaufgänge.

FESTE UND EVENTS

- Tourismus Zermatt veranstaltet **Wanderungen**, geführt von einem versierten Botaniker (Juni/Juli).
- Musikfestival **»Zermatt Unplugged«** (an Sommerwochenenden 2. Julihälfte)
- **»Folkloresommer«** (Anf. Juli–Mitte Aug.)

HOTELS

3100 Kulmhotel Gornergrat

Das höchstgelegene Hotel der Schweiz, mit Observatorium! Die Zimmer zur Westseite bieten den Postkartenblick auf das Matterhorn, von den Süd-Zimmern genießt man das Monte-Rosa-Massiv und die Gletscher. Restaurant und Einkaufszentrum.

Gornergrat, Tel. +41/27/966 64 00, www.gornergrat-kulm.ch, **€€€**

Riffelalp Resort

Mit der originalgetreu restaurierten Riffelalp-Tram, Europa höchstgelegener Straßenbahn (nur Sommerbetrieb), fährt man seit 1899 hinauf zu einem der Spitzenhotels der Schweiz auf 2222 m Höhe. Höchster Komfort, mehrere Gourmetrestaurants, Wellnessprogramm und für fünf Sterne recht zivile Preise.

Riffelalp, Tel. +41/27/966 05 55, www.riffelalp.com, **€€€**

Nirgendwo spiegelt sich das Matterhorn so klar wie im kleinen Stellisee in den Walliser Alpen. Man kann den Bergsee von Zermatt aus erwandern oder erreicht ihn via Seilbahn und Gondel.

JUNI

Triglav-Nationalpark

Slowenien

»Wer den Triglav nie bestieg, der ist kein echter Slowene«, lautet ein altes Sprichwort. Wobei es sich auch für Nicht-Slowenen lohnt, durch den Triglav-Nationalpark zu wandern. Der älteste Naturpark Europas im Nordwesten Sloweniens ist eine atemberaubend schöne alpine Gebirgslandschaft mit unberührten Flusstälern und Bergseen, Wasserfällen und Wildwasserschluchten, mit einzigartiger Flora und Fauna.

Zwei miteinander verbundene, künstlich angelegte Gewässer bilden den Jasna-See in 830 Metern Höhe.

Sprungbrett in den Triglav-Nationalpark ist der Ferienort **Kranjska Gora** gleich südlich des Wurzenpasses. An den Südhängen der Julischen Alpen klettern die Wälder bis auf 1700 m empor, und im Frühsommer sind die Wiesen übersät mit lila blühendem Pannonischem Enzian und Gelbem Enzian. Anfang Juni hat man die Wildnis noch weitgehend für sich allein.

WARUM JETZT?

Weil Anfang Juni das **»Internationale Wildblumenfest«** gefeiert wird und darüber hinaus die beste Zeit für Rafter beginnt, die auf den schäumenden Flüssen des Nationalparks ihr Eldorado finden.

Am nahen malerischen **Jasna-See** mit kristallklarem Wasser und grandioser Bergkulisse kann man sich schon einmal auf die herrliche Landschaft des Nationalparks einstimmen. In der Umgebung von Kranjska Gora findet man in vielen schönen Alpendörfern eine Bleibe, und bereits rund um den **Vršič-Pass** (1611 m) im Süden, wo die versteinerten »Heidenmädchen« aufragen, bieten sich wunderbare Wandermöglichkeiten, zum Beispiel über den **Vratca** (1807 m) hinüber zum **Sleme** mit seinen drei malerischen Seen. In einem spiegelt sich der markante **Jalovec** (2645 m), unter dessen Gipfel die Soča entspringt und mit »raschen Mädchenschritten«, wie es in Simon Gregorčič' klassischer Liebeserklärung an den slowenischen Fluss heißt, durch das Trenta-Tal mit seinen kalkweißen Felsen eilt. Es zählt zu den schönsten Flüssen der östlichen Alpenwelt und ist obendrein ein Paradies für Wildwasserfahrer.

Die slowenische »Traumwanderung« schlechthin führt jedoch durch das »Tal der sieben Seen« hinauf zum **Triglav**, der Sage zufolge ein dreiköpfiger Gott, der über Himmel, Erde und Unterwelt herrscht – und der höchste Gipfel Sloweniens. Bis zur **Koča pri Savici** (Hütte an der Savica, 653 m) kommt man mit Auto oder Bus, dann geht es zu Fuß durch dichten Laubwald bergauf zur **Quelle der Savica**, weiter ins Hochtal **Lopučniška dolina** und dann auf felsigem Weg hinein in das herrliche **Tal der sieben Seen**. Hier blühen endemische Alpenblumen wie die lilablaue Zois-Glockenblume und der Triglav-Enzian. In den tiefblauen oder smaragdgrünen Seen spiegelt sich die mächtige Bergwelt. Schon ist die Baumgrenze erreicht, und nach einem Marsch über Geröll- und Schneefelder genießt man auf dem **Dolič-Pass** den Anblick des Triglav in seiner gewaltigen Schönheit. In der Berghütte **Tržaška koča** findet man Unterkunft auf 2120 m Höhe.

Am nächsten Tag dann können trittsichere und absolut schwindelfreie Wanderer mit Klettersteigsicherung, Gurt und Helm, begleitet von pfeifenden Murmeltieren und Steinböcken, den 2864 m hohen Nationalberg erklimmen. Ein slowenischer Begleiter wird sicherlich die julische Alpensage vom weißen Gamsbock mit den goldenen Hörnern erzählen. Wer nicht unbedingt ein echter Slowene werden muss, kann von der Hütte aus auch nach **Trenta** hinunterwandern, von wo aus ein Bus nach Kranjska Gora fährt.

FESTE UND EVENTS

» **»Internationales Alpenblumenfestival«**
(Ende Mai–Anf. Juni)

HOTELS

» **Grand Hotel Toplice**
Besonders stilvolle Unterkunft im schmucken Kurort Bled am malerischen See.

Cesta svobode 12, Bled, Tel. +386/4/579 16 00, www.hotel-toplice.si, **€€€**

» **Ramada Hotel & Suites Kranjska Gora**
Das ehemalige Grand Hotel Prisank ist die schönste Unterkunft in Kranjska Gora, mit komfortablen Zimmern und guter Konditorei.

Borovška cesta 93, Kranjska Gora, Tel, +386/4/588 44 00, www.wyndhamhotels.com, **€€**

JULI

Ang Thong Marine National Park, Thailand

Der 20 km westlich von Ko Samui beginnende, 102 m² große Nationalpark schützt eine traumhaft schöne amphibische Landschaft aus 42 üppig grünen, bizarr geformten Karstinseln. Wie Smaragde sprenkeln sie die saphir- bis türkisblaue See. Manche steigen über 400 m hoch aus dem Meer, in einigen verbergen sich Bergseen und Tropfsteinhöhlen.

Wie grüne Tupfer im blauen Ozean muten die Inselchen des Ang Thong Marine National Parks an.

Schon vor der Einrichtung des Schutzgebiets im Jahr 1980 durfte niemand auf den Inseln wohnen, denn es handelte sich um militärisches Sperrgebiet. So blieb die Natur intakt, die Sandstrände der Inseln schneeweiß und makellos sauber. Auf großen Schiffen dauert die Überfahrt von Ko Samui etwa 90 Min., die etwas teureren Speedboote benötigen nur 1 Std.

WARUM JETZT?

Weil im Sommer auf den Inseln im südlichen Golf von Thailand perfektes Wetter herrscht, ganz im Gegensatz zur Andamanenküste und der Ferieninsel Phuket, wo der Monsun jetzt für sintflutartige Regenfälle sorgt. Allerdings ist die Ferieninsel **Ko Samui** mit ihrem Postkartenstrand Chaweng Beach längst in der Hand der Pauschalurlauber, während sich auf **Ko Phangan** die Partytouristen und auf **Ko Tao** die Taucher tummeln. Der Ang Thong Marine National Park wird dagegen meist nur auf einem Tagesausflug besucht. Dabei könnte man hier durchaus eine Woche Robinson spielen oder mit Blue Stars Kayaking mehrtägige Kanutouren unternehmen.

Ko Wua Talap, die »Insel der schlafenden Kuh«, liegt etwa 28 km westlich von Ko Samui und 32 km südwestlich von Ko Phangan. Sie ist das größte Eiland des Archipels. Schweißtreibend, aber dennoch unbedingt zu empfehlen ist der etwa einstündige Aufstieg zum Aussichtspunkt **Utthayan Hill**. Der Weg ist steil und mit Seilen gesichert. Festes Schuhwerk ist unerlässlich, die schroffen Basaltfelsen sind teilweise scharfkantig, die Erde nach Regen rutschig. Wer das Panorama mit geradezu magischem Sonnenaufgang erleben möchte, muss auf der Insel übernachten. Die etwas komplizierte Buchung eines der fünf Bungalows der Nationalparkverwaltung lohnt sich: Morgens bis 10 Uhr und abends teilt man sich die Insel nur mit wenigen anderen Besuchern.

Nicht minder sehenswert ist **Ko Mae Ko** (»Mutter der Inseln«). Hier ist die malerische smaragdfarbene Salzwasserlagune **Thale Nai** zu bewundern, auf die man nach einem 20-minütigen Aufstieg blickt. Die Versuchung ist groß, in ihr kristallklares Wasser zu springen, doch das ist streng verboten. Dafür laden die schneeweißen Strände der Insel zum Baden und Schwimmen ein. Mit dem Fernglas erspäht man weißbäuchige Seeadler, Königsfischer und Nashornvögel. Am Korallenriff vor **Ko Sam Sao** kann man herrlich schnorcheln.

HOTEL

» Bungalows der Nationalparkverwaltung
Die sechs spartanischen, aber nahe des Besucherzentrums gelegenen Bungalows (bis zu acht Personen, Ventilator und kaltes Wasser) und Campingzelte sind sehr begehrt, man muss daher frühzeitig buchen oder bei einem Ausflug vor Ort im Park-Hauptquartier spontan sein Glück probieren. Man kann dann so lange bleiben, wie man eine Unterkunft hat, und wird von den meisten Ausflugsbooten gegen Extragebühr wieder mitgenommen. Die Abholung erfolgt gegen 15 Uhr. Es gibt ein einfaches Restaurant, ein Erste-Hilfe-Zelt und einen Kajakverleih, sodass man täglich losziehen kann. Heißes Wasser gibt es nicht, und der Stromgenerator wird um 23 Uhr abgeschaltet.

Tel. +66/25 61 07 77 ext. 17 43 oder 17 44, https://nps.dnp.go.th, **€**

Paradiesische Felsenbuchten mit glasklarem Wasser laden auf der Insel Ko Tao zum Baden und Schnorcheln ein.

Bernstein-küste

Dominikanische Republik

Als Kolumbus auf seiner ersten Fahrt die Nordküste Hispaniolas passierte, glaubte er sich am Ziel seiner Träume von El Dorado. In den Bergen der Nordküste gibt es aber kein gelbes Metall, sondern den schönsten Bernstein der Welt. Dazu Traumstrände, ein Surferparadies, kühle Karstlagunen, mächtige Wasserfälle und Mangrovenlabyrinthe.

»

Türkisfarbene Fluten mit weißen Schaumkronen, endloser Sandstrand, Palmen, die sich im Wind wiegen, und dahinter üppig-tropischer Regenwald – willkommen in der Karibik.

Ein Blickfang im Parque Central von Puerto Plata ist der kunstvoll verzierte Musikpavillon »Glorieta Victoriana« aus den 1920er-Jahren – ein Oktagon mit Doppelbalkonen und maurischen Bögen.

Hauptstadt der Bernsteinküste ist **Puerto Plata**, mit spanischer Festung, viktorianischen Häusern, einem Malecón zum Bummeln und einer Seilbahn hinauf zu einem Aussichtsberg. Die Urlauberhochburg **Sosúa** wurde von jüdischen Einwanderern gegründet und ist heute fest in deutscher Hand. Die Stammgäste von **Cabarete** achten darauf, dass die Fluglinie auch ihr Surfbrett ohne Aufpreis befördert.

WARUM JETZT?

Weil im Juni noch keine Hochsaison herrscht und im Gegensatz zur jetzt sehr schwülen Karibikküste am Atlantik beständig wehende Passatwinde für einen angenehmen Strandaufenthalt sorgen. Auch Surfer und Kitesurfer in Cabarete lieben den Sommer: Mitte Juni bis Mitte August bläst der Passat am intensivsten, trotzdem ist das Meer – außer in der Nähe von Riffen, an denen sich die Wellen brechen – angenehm ruhig. Wirbelstürme treten im Juni noch nicht auf. »Feucht« bedeutet im Sommer übrigens nicht »Dauerregen«: Zumeist bleibt es bei einem kürzeren Schauer am Nachmittag. Die Wolkenstimmungen führen dann oft zu den dramatischsten Sonnenuntergängen des Jahres.

Wirklich voll wird es im Sommer ohnehin nur in den klassischen Urlaubsresorts. Der Küstenabschnitt westlich von Puerto Plata liegt dagegen immer noch im Dornröschenschlaf. Am Wochenende tanzen die Einheimischen an der schönen, von Schatten spendenden Meertraubenbäumen gesäumten **Playa La Ensenada**, sonst ist man hier oft fast allein. Auf Wanderungen und Kajaktouren durch die artenreichen Mangrovensümpfe der **Laguna Estero Hondo** östlich von Punta Rucia erspäht man gelegentlich eines der scheuen Manatis (Seekühe), für die das Schutzgebiet **Sanctuario Mamifero Marino Manati** ausgewiesen wurde. An der Grenze zu Haiti wartet **Monte Cristi** mit 300 Sonnentagen im Jahr und dem besten Segelrevier des Landes.

Auch östlich der Surferhochburg Cabarete warten auf der Fahrt zur Halbinsel **Samaná** einsame Strände und Karstdolinen mit kristallklarem Süßwasser. Sogar die beliebte, traumhaft schöne **Playa Grande** östlich von Río San Juan ist weitläufig genug, dass sich die Ausflügler nicht auf die Zehen treten. Vom östlichen Strandende führt ein schmaler Pfad zur weniger frequentierten weißsandigen **Playa Preciosa**. Oft fast allein ist man im **Nationalpark Cabo Francés Viejo** einige Kilometer östlich der Playa Grande: ein Quadratkilometer Regenwald mit der goldgelben **Playa Bretón** und einem Leuchtturm. Sogar die südwestlich von Puerto Plata landeinwärts im Regenwald bei Imbert rauschenden Wasserfälle **Monumento Natural Charcos de Demajagua** kann man (fast) ohne Ausflüglermassen erleben. Man kommt einfach erst am späteren Nachmittag, um die klitschnassen Adrenalinkicks stressfrei zu genießen. Zunächst klettert man, ausgerüstet mit Schwimmweste und Helm, über Holzleitern und Felsen kleine Canyons empor, dann springt man metertief in kühle smaragdgrüne bis saphirblaue Wasserbecken (»charcos«) oder rutscht über Felsen die Fälle hinunter, kurz vor Sonnenuntergang fast allein.

FESTE UND EVENTS

» **»Festival del Merengue y Ritmos Caribeños«**
in Puerto Plata (alljährlich Anf. Juli). Auftritte bekannter Musik- und Tanzgruppen, Kunstausstellungen. Straßen und Uferpromenade der Stadt verwandeln sich in einen Open-Air-Tanzboden.

HOTELS

» **Tubagua Plantation Eco Lodge**
Ökolodge in traumhafter Höhenlage etwas abseits der von Puerto Plata nach Santiago führenden Panoramastraße mit sechs strohgedeckten Holzhütten (2–6 Pers.) und kleinem Naturpool.

Ruta Panoramica, km 6, Tel. +1/809/696 69 32, www.tubagua.com, **€€**

» **Casa Libre**
Ein deutsch-französisches Paar hat sich außerhalb des Dorfs auf einem Hügel seinen Aussteigertraum mit tropischem Garten und grandiosem Meerblick verwirklicht. Im Angebot sind drei einfach ausgestattete »cabanas« mit Strohdach. Für Gäste wird ein Abendessen arrangiert. Kleines Studio für Yoga und Meditation.

Punta Rucía, Tel. +1/809/693 50 10, www.casa-libre.com, **€**

»Cabanas«, strohgedeckte Hütten, die auf Stelzen im Wasser stehen, sind als Unterkunft beliebt. Sie haben alles, was man im Urlaub braucht, und der herrliche Blick von der Terrasse auf die Berge ist im Preis inbegriffen.

HERBST

Der Herbst ist die goldene Bühne, auf der die Natur ihr unvergleichliches Farbenspiel aufführt. Im New Yorker Central Park taucht er die Bäume in flammendes Rot, Orange und warme Gelbtöne. Auf Hawaii sind nun die Strände fast leer, auf Mauritius zeigt sich der Herbst sogar im Frühlingsgewand. Im südlichen Ari Atoll ist die Chance, Walhaie zu sehen, jetzt am größten, während auf der Halbinsel Fischland-Zingst-Darß die Kraniche Rast machen. Und im Werdenfelser Land sorgt der Föhn für weiß-blauen Himmel – perfektes Wanderwetter.

HERBST

Zu Seite 108 + 109
Herbststimmung im Central Park: Nach einem Besuch in einem der nahen Museen lädt der Park zu einer Kanufahrt auf dem Reservoir-See mit Blick auf die Zwillingstürme des Luxusapartment-Hauses »The San Remo ein.

Besonders ruhig

Von den Seen Masurens kommend machen die Kraniche im September auf der Halbinsel Fischland-Zingst-Darß (► S. 120) Rast. Besonders gut kann man sie im Kranichdorf Bresewitz beobachten.

Preiswert

Naturschauspiel

Feste und Events

Leicht zu erreichen

Zum hinduistischen Lichterfest »Diwali« strömen auf den Fidschi-Inseln (► S. 133) viele Gläubige herbei, um mit vielfältigen Bräuchen den Sieg des Lichts über die Dunkelheit zu feiern.

Schönes Wetter

Hawaii, Big Island

SEPTEMBER BIS NOVEMBER

Majestätische Vulkane, palmengesäumte Strände und dramatische Steilküsten prägen alle großen Hawaii-Inseln: Das Inselinnere durchschneiden tiefe Flusstäler mit tropischer Vegetation und Wasserfällen. Schon über tausend Jahre alt ist das »hee nalu«, das Wellenreiten auf Hawaii, das von hier aus seinen Siegeszug um die Welt antrat.

Vorbei an Kratern und Lavafeldern: Ein Wanderweg führt durch den Hawaii Volcanoes National Park.

Wer mit genügend »Spirit of Aloha« die Inseln abseits der Luxushotels von Oahu und Maui erkundet, wird eine pazifische Inselwelt entdecken, die viel weniger »amerikanisiert« ist, als man zunächst vielleicht befürchtet hat. Das Kronjuwel der Hawaii-Inseln ist Hawaii selbst, das zur Vermeidung von Verwirrung oft nur »The Big Island« genannt wird. Um die große Insel zu erforschen, braucht man eigentlich Wochen. Wo sonst auf der Welt könnte man am Vormittag faul am herrlichen Palmenstrand **Hapuna Beach** in warmem türkisfarbenen Wasser planschen und am Nachmittag auf einem mächtigen Berg, dem 4200 m hohen **Mauna Kea**, eine Schneeballschlacht veranstalten?

WARUM JETZT?

Weil zwischen Labor Day Anfang September und Thanksgiving Ende November niemand in den USA Urlaub hat und deshalb echte Schnäppchen möglich sind. Auch die Strände sind fast leer, obwohl das Wetter perfekt ist. Nur an einem Oktoberwochenende, wenn der Ironman Triathlon startet, wird es voller.

Wie geht's denn nun vom Strand zum Eis? Mit einem Allradfahrzeug gelangt man in anderthalb Stunden von **Waimea** oder **Hilo** hinauf zum Gipfel des »Weißen Bergs«, wo einst die Götter lebten. Hier steht auch das größte Teleskop der Welt, denn die absolut klare Gipfelluft und die relative Nähe zum Äquator machen den Mauna Kea zum besten Ort der Welt, um die Sterne zu beobachten: auch ohne Fernglas, aber unbedingt in warmer Kleidung.

Im Norden das Eis, im Süden das Feuer. Von Hilo, dem regenreichsten Ort der USA, führt eine Straße in den **Hawaii Volcanoes National Park**, zurück in die Zeit, in der die Erde Gestalt annahm: eine Vulkanlandschaft mit fauchenden Calderas, Schwefelrauch ausdünstenden schwarzen Kratern, dunkelgrau erstarrten Lavaströmen, die sich durch den Urwald gefressen haben, und schließlich der **Kilauea** selbst, der seit 1983 fast ununterbrochen über tausend Grad heiße Magma ausspuckt, die dramatisch den Nachthimmel erleuchtet und die Berghänge hinunterfließt. Hier wohnt Pele, die Göttin des Vulkans, im **Halemaumau Crater**. Noch immer bringt man ihr Blumenopfer dar, um sie zu beschwichtigen.

Die von Pele geschaffenen Lavaböden, heiße sonnige Vormittage und regenreiche Nachmittage im Schatten der mächtigen Vulkane sorgen dafür, dass an den Berghängen der traumhaften **Westküste** von Hawaii, entlang des **Kona Coffee Belt**, einige der am meisten geschätzten Kaffeebohnen der Welt wachsen. Im September leuchten die Kaffeekirschen tiefrot, und in den Cafés von **Kailua Kona** wird bester Kona-Kaffee röstfrisch serviert, mit einem unbezahlbaren Meerblick. Aloha Hawaii!

FESTE UND EVENTS

- An einem Oktober-Samstag, der dem Vollmond am nächsten ist, findet bei Kailua-Kona auf Big Island der **»Ironman Triathlon«** statt (1. Sa im Okt., www.ironman.com).
- Das **»Annual Kona Coffee Cultural Festival«** feiert die Kaffeekultur auf Hawaii Island (im Nov., www.konacoffeefest.com).

HOTELS

- **Laukapa Forest Cottage**
  Schickes, gastfreundliches Refugium im Volcano Village. Die Küche der Cottages ist mit Gratiskaffee aus Hawaii bestückt.

  Volcano Village, Tel. +1/808/967 79 90, www.volcanoplaces.com, **€€**

- **Waimea Country Lodge**
  Charmante, kleine Lodge an den grünen Hängen des Mauna Kea. 15 Min. Fahrt zu den besten Stränden der Insel. Im Ort gibt es einige sehr gute Restaurants.

  65-1210 Lindsey Rd., Waimea, Tel. +1/808/885 41 00, www.waimeacountrylodge.com, **€€**

Werdenfelser Land

SEPTEMBER BIS OKTOBER

»Mit dem Ofenrohr ins Gebirg' schauen«, so sagt der Bayer, wenn etwas völlig fruchtlos bleibt. Packt ein Novembertag München in graue Watte, ist vom Gebirge nichts mehr zu sehen. Nicht einmal mit Teleobjektiven, denen es bei Föhn gelingt, dass das über 90 km entfernte Zugspitzmassiv zum Greifen nah an die Türme der Frauenkirche rückt.

Blick auf die kleine Sasseninsel im Eibsee, im Hintergrund ragt das majestätische Zugspitzmassiv auf.

Der moderne Münchner aber weiß sich zu helfen. Er schaut morgens auf die auf dem Panoramagipfel des Wanks (1780 m) installierte Webcam, und wenn das Zugspitzmassiv im rosaroten Morgenlicht erglüht, fährt er los. »Inversionswetterlage« heißt das Phänomen, das den Höhenlagen im Werdenfelser Land selbst im November sonnige Tage bei oft über 20 Grad beschert, während man drunten an Loisach und Partnach bibbert.

WARUM JETZT?

Weil das Werdenfelser Land im klaren Herbst ein unglaubliches Farbenspiel zeigt, und das schon, bevor man es überhaupt erreicht hat. Vom **Hohen Peißenberg** (988 m) im **Pfaffenwinkel** zwischen Weilheim und Schongau präsentiert sich die gesamte Alpenkette zwischen Karwendel und Allgäuer Bergen, bei Murnau schimmern die schon nahen Berge des **Wettersteinmassivs** mit der steil abfallenden Zugspitze, Dreitorspitze, Alpspitze und den zwei Waxensteinen verheißungsvoll blaugrau. Grünblau leuchten **Staffelsee** und **Riegsee**, im **Murnauer Moos**, dem »Blauen Land«, herrscht eine ganz eigene Farb- und Lichtstimmung.

Eilige Ausflügler halten auf dem Weg nach Garmisch-Partenkirchen in **Farchant** gar nicht mehr an. Ein echtes Versäumnis, denn sie verpassen den Spaziergang auf dem Walderlebnispfad zu den in drei Kaskaden 270 m zu Tal rauschenden **Kuhfluchtfällen** im Estergebirge. Von hier kann man weiter nach **Eschenlohe** wandern und am Naturwunder der **»Sieben Quellen«** haltmachen. Nördlich von Garmisch-Partenkirchen ist der Blick über die Voralpenwiesen auf das Wettersteinmassiv besonders idyllisch, denn noch steht man hier nicht »wia da Ochs am Berg« vor der steinernen Phalanx. Wer diese von weiter oben bewundern möchte, wandert von Oberau oder Farchant hinauf zum **Hohen Fricken** (1940 m). Den traumhaften Sonnenaufgang erlebt man hier oben aber nur, wenn man in der Weilheimer Hütte auf dem benachbarten **Krottenkopf** (2086 m) übernachtet.

FESTE UND EVENTS

» **Almabtrieb** Bei diesem farbenfrohen Ereignis werden die geschmückten Tiere zu ihren Besitzern ins Tal hinabgeführt (Anf.–Mitte Sept.).

HOTELS

» **Staudacher Hof**
Exklusives Hotel mit individuell eingerichteten Zimmern. Nur wenige Schritte vom Haupthaus entfernt schläft man in einem traditionellen Werdenfelser Bauernhaus. Wellnessbereich und »bayurvedische« Vitalküche.

Höllentalstr. 48, Garmisch-Partenkirchen, Tel. 088 21/92 90, www.staudacherhof.de, **€€€**

» **Werdenfelserei**
Feines Boutique-Hotel mit Spa und Dachterrassenpool sowie Traumblick auf die Berge. Extravagante bayerische Küche.

Alleestr. 28, Garmisch-Partenkirchen, Tel. 088 21/686 93 90, www.werdenfelserei.de, **€€€**

In **Garmisch-Partenkirchen** hat man dann, was Panoramen betrifft, die Qual der Wahl. Auf fast jeden Garmischer Aussichtsberg fährt eine Gondel- oder Seilbahn. Besonders nahe rückt man dem Wettersteinmassiv auf der Gipfelstation der **Kreuzeckbahn** (1650 m), wer noch höher hinauswill, schwebt in einer Gondel zur Bergstation der **Alpspitzbahn** und schaut vom stählernen Steg des **AlpspiX** (2050 m) an die tausend Meter in die Tiefe. Kann man das noch steigern? Von majestätischen Schneebergen umrahmt, das Wasser kobaltblau und smaragdgrün, ein Inselchen mit schlanken Tannen, im Herbst eingerahmt von flammenden Bäumen, das ist der **Eibsee**. Mit der neuen **Zugspitzbahn** geht es von der Talstation in nur wenigen Minuten auf den Gipfel von Deutschlands höchstem Berg, und man kann sich dabei den See von oben ansehen. Dazu die Alpen vom Schweizer Piz Bernina bis zum österreichischen Großglockner und vermutlich den ersten Schnee des nahenden Winters.

Lappland
Finnland

Mit ihren Zaubertrommeln riefen die Schamanen der Sámi die Götterfackeln herbei und öffneten eine Pforte in die andere Welt. Wer das Nordlicht entziffert, löst das Geheimnis vom Ursprung der Welt, sagt das finnische Nationalepos »Kalevala«. Da verbrannten christliche Missionare lieber die Trommeln, sicherheitshalber.

Wald und Wasser, wohin das Auge blickt: der stille See Pallasjärvi im Pallas-Yllästunturi-Nationalpark

Die himmlischen Schleier der **Aurora borealis** kommen trotzdem. Sonnenwinde sind unterwegs zur Erde, verkündet das Radio. Rund um den arktischen Magnetpol prallen sie auf das Magnetfeld der Erde, ihre Teilchen werden zurück in die Magnetosphäre geschleudert. So entsteht das Nordlicht. Je tiefer der Teilchensturm in die Atmosphäre eindringt, desto intensiver die Aurora.

WARUM JETZT?

Weil das Polarlicht am häufigsten rund um die Tag- und Nachtgleiche auftritt und sich im noch nicht zugefrorenen **Inari-See** spiegelt. Mitte September ist es im hohen Norden Finnlands um einiges wärmer als im März, außerdem sorgt die »Ruska«-Zeit, die finnische Version des Indian Summer, für einen wahren Farbenrausch, ein Meer der Kupfer- und Violetttöne. Auch die gierigen Mücken sind spätestens nach der ersten Frostnacht verschwunden. Wer jetzt auf eine der Felskuppen im **Nationalpark Pallas-Ounastunturi** steigt, genießt Europas wohl sauberste Luft. Vom 821 m hohen **Pallastunturi** schweift der Blick über karge Berg- und Moorlandschaften, über blaue Seen und bunte Wälder. Bald schon wird der Schnee wieder Europas letzte große Wildnis erobern. So bunt wie die »Ruska« ist die kunstvolle Tracht der Sámi, die im 17. Jh. in den hohen Norden Skandinaviens abgedrängt wurden. Farben und Muster unterscheiden sich von Dorf zu Dorf. Wertvolle Einblicke in die Traditionen dieses faszinierenden Volks liefert das Sámi-Museum im weit jenseits des Polarkreises gelegenen Kirchdorf **Inari**. Noch immer leben hier manche von der Rentierzucht, vom Fischen und Eisangeln auf dem **Inarisee**. Früher zogen sie ihren Rentierherden hinterher, schlugen Tag für Tag in wenigen Minuten ihre großen Zelte auf. In Mußezeiten schnitzten sie kunstvolle Finnmesser, deren Scheide aus Rentierhorn besteht. Noch immer treiben die samischen Rentierzüchter im Spätherbst ihre halb domestizierten Herden zur Winterscheide zusammen. Heute aber spürt man die Tiere nicht mehr zu Fuß, sondern mit Schneemobilen, ja sogar mit Hubschraubern auf. Dieses faszinierende Schauspiel fällt allerdings schon in die im Spätherbst beginnende sonnenlose »Kaamos«-Zeit.

Und die Aurora? »Wenn der Feuerfuchs mit seinem langen Schwanz Schnee aufwirbelt, wenn er über nackte Felsen streicht und Funken sprüht, dann erscheinen die Nordlichter«, sagen die Samen. Doch manchmal erhellt nur ein schwachgrauer Schein den Nachthimmel. »Aurora-Hunter« verlassen sich lieber auf SMS-Dienste des Finnischen Meteorologischen Instituts, sammeln ihre Kunden auf und fahren oft mehrere hundert Kilometer weit, bis eine Region mit sternklarem Himmel erreicht ist. Vielleicht ist es diesmal der **Saanatunturi** im Dreiländereck zwischen Finnland, Schweden und Norwegen, der heilige Berg der Sámi bei Kilpisjärvi? Dann tanzen sie wirklich, die Feuerfuchsstrahlen, von Chartreuse bis Magenta und Orange. Die Schamanen haben gesiegt.

FESTE UND EVENTS

» Die schönste Festbeleuchtung: die atemberaubenden Polarlichter

HOTELS

» **Inarin Kultahovi**
Die Zimmer des privat geführten Hotels sind mit handgewebten, traditionellen Stoffen dekoriert. Große Holzsauna mit Blick auf den reißenden Juutua-Fluss. Das Restaurant zählt zu den besten Lapplands.

Saarikoskentie 2, Inari, Tel. +358/16/511 71 00, www.hotelkultahovi.fi, **€€**

» **Kakslauttanen Arctic Resort**
Übernachtet wird in Blockhäusern, ab Herbst auch in Glas-Iglus. Kuschelig liegt man auf dem Bett, wenn die Aurora borealis erscheint. Auf Wunsch Weckruf vom Personal.

Kiilopääntie 9, Saariselkä, Tel. +358/16/66 71 00, www.kakslauttanen.fi, **€€**

SEPTEMBER BIS NOVEMBER

Fischland-Darß-Zingst

Bodden, so heißen die flachen Ostseelagunen, die durch Inseln und Nehrungen weitgehend von der offenen See abgeriegelt sind. Altertümliche Zeesboote, deren breiter Rumpf aus Eichenholz schon Caspar David Friedrich faszinierte, fahren heute nur noch zum Vergnügen durch den Nationalpark Vorpommersche Boddenlandschaft, zu dem der Mittelteil des Darßes und der östliche Teil von Zingst gehören.

»

Selten zeigt sich eine Küstenlandschaft so urwüchsig wie an der Westküste der Halbinsel Fischland-Darß-Zingst, wo der sandige Weststrand an den Darßer Wald grenzt.

Eine Landzunge an der Boddenküste dient den Kranichen als Rast- und Futterplatz. Auf den abgeernteten Korn- und Maisfeldern finden die Vögel genügend Nahrung, um ihre für den Weiterflug nötigen Energiereserven auffüllen zu können.

Zu DDR-Zeiten war der urtümliche **Darßwald** den Parteibonzen als Jagdrevier vorbehalten. Immerhin blieb auf diese Weise die romantische Landschaft mit ihren bis zu 400 Jahre alten Baumriesen unberührt. Heute genießt man die Wanderung vom FKK-Paradies Prerow zum roten Leuchtturm und zum puderzuckerfeinen Weststrand des Darßes.

WARUM JETZT?

Weil ab September die **Kraniche** von den einsamen Seen Masurens und den Sümpfen der Flusstäler von Biebrza einfliegen und der majestätische Vogel sich in dieser Zeit auch an der Boddenküste Mecklenburg-Vorpommerns wohlfühlt. Bis Anfang November kann man die faszinierenden »Vögel des Glücks« im Rastgebiet zwischen den Städten **Ribnitz-Damgarten** und **Stralsund** von »Kranich-Utkieks« aus unmittelbarer Nähe beobachten. Bedeutendster Rastplatz des Grauen Kranichs (Grus grus) in Mitteleuropa ist der **Pramort**, der östlichste Teil vom Zingst. Von der **Meiningenbrücke** aus und im Kranichdorf **Bresewitz** präsentiert sich allabendlich ein einzigartiges Schauspiel: Im Zwielicht fliegen Tausende von Kranichen in langgezogenen Ketten oder keilförmigen Flugformationen zu ihren Schlafplätzen ein und veranstalten dabei ein mächtiges Trompetenkonzert. Im März geben sie ein weiteres, aber kürzeres Gastspiel. Aber im Herbst ist das Wetter besser, und Anfang September kann man oft noch baden.

Orangefarben glühen im Frühherbst die Beeren der **Sanddornbüsche**. Aber einfach pflücken geht nicht. Man muss sich schon professionell ausrüsten, mit Ölzeug und

Plastikcape, Brille zum Schutz vor Saftspritzer und Gummihandschuhen wegen der Dornen. Dann klemmt man einen Eimer zwischen Strauch und Körper unter den betreffenden Zweig und quetscht die Beeren aus. Ob man die vitaminreichen Säfte, Liköre und Konfitüren nicht doch lieber in der Darßer Manufructur in **Wieck** kauft?

Im Rohzustand unscheinbar ist **Bernstein** von der Ostseeküste, der in der Bronzezeit ein begehrtes Handelsgut war, das über die Bernsteinstraße seinen Weg bis in das Ägypten der Pharaonen fand. Noch heute spülen Herbststürme Rohbernstein an, der sich dann zwischen Treibholz, Kohlestückchen und Tang versteckt. Aber Achtung, man kann ihn mit braunen Feuersteinen oder gar gefährlichem weißen Phosphor verwechseln, der aus Bombardierungen im Zweiten Weltkrieg stammt.

Die Darßer sind auch durch Seefahrt und Schiffbau zu Wohlstand gekommen. Die bunt bemalten Türen der liebevoll restaurierten Kapitänshäuser von **Prerow** leuchten im klaren Herbstlicht besonders schön. Aufgehende Sonnen waren Symbol für eine gute Heimkehr. Farbenfroh gibt sich auch das am Südende des Darßes gelegene und teilweise schon zu Fischland gehörende Künstlerdorf **Ahrenshoop**, in dem 1892 Paul Müller-Kaempff das erste Malerhaus errichtete. Bis heute zieht das idyllische Dörfchen mit seinen bunt verzierten, reetgedeckten Bauernkaten Maler, Bildhauer und Schriftsteller an. Die Sonnenuntergänge sind hier im Herbst besonders dramatisch.

FESTE UND EVENTS

- **»Zug der Kraniche«** (Sept.–Anf. Nov.)
- **»Große Bodstedter Zeesbootregatta«** (1. Sa im Sept.) und **»Althäger Fischerregatta«** (3. Sa im Sept.)

HOTELS

Strandhotel Fischland

Luxuriöses Strandhotel mit Spa- und Wellnessbereich, Pool und Dünensauna, grandioser Aussicht und kreativer Aromenküche, die in der Ostseelounge oder im Marktplatzrestaurant serviert wird.

Ernst-Moritz-Arndt-Str. 6, Dierhagen, Tel. 03 82 26/520, www.strandhotel-ostsee.de, www.strandhotel-ostsee.de, **€€€**

Hotel Elisabeth von Eicken

Stilvolle Unterkunft im ehemaligen Jugendstil-Wohn- und Atelierhaus der Malerin Elisabeth von Eicken. Sechs künstlerisch-individuell gestaltete Zimmer mit Ostsee- oder Gartenblick. Der Strand liegt nur 2 Min. zu Fuß entfernt. Küche mit mediterranem Einschlag.

Dorfstr. 39, Ostseebad Ahrenshoop, Tel. 03 82 20/ 67 82 60, www.elisabeth-voneicken.de, **€€**

Von Wind und Wasser gepeitscht und gestählt: Die Bäume im Darßer Wald – Kiefern, Stieleichen und Rotbuchen –, auch »Windflüchter« genannt, beweisen seit Urzeiten ihr Stehvermögen.

SEPTEMBER BIS NOVEMBER

Ari-Atoll

Malediven

Schon der Landeanflug ist ein Erlebnis, denn aus niedriger Höhe sind die immer wieder aus dem Meer auftauchenden grünen Flecken mit ihren weißen Strandringen wunderbare Fotomotive. Doch erst unter Wasser entfaltet sich der ganze Zauber. Die Rifflandschaften der Malediven gehören zu den schönsten der Erde. Erfahrene Taucher wissen das.

Wie ein grüner Klecks im tiefblauen Meer mutet das Ari-Atoll aus der Vogelperspektive an.

Am Morgen zieren gelbe Blüten des Banyanbaums den schneeweißen Strand. Eine seidenweiche Brise streichelt die sich fast waagrecht neigenden Palmen, und im frühen Morgenlicht beginnt die gerade noch rosa schimmernde Lagune in glasklarem Türkis zu leuchten. Man springt aus dem Bett, die Füße graben sich in Puderzuckersand, und schon nach wenigen Schritten planscht man im warmen Wasser. Das ist Urlaub auf einer »Barfußinsel« im maledivischen Ari-Atoll.

WARUM JETZT?

Zwischen August und November, einer durchaus angenehmen Zwischensaisonzeit, fallen die Preise, und im Ari-Atoll gibt es auch private, sehr ordentliche Unterkünfte. Außerdem ist im Herbst die Chance am größten im südlichen Ari-Atoll **Walhaie** zu sehen. Mit dem Wasserflugzeug von Flyme (Villa Air) kann man die majestätischen Meeresbewohner ganz bequem durch große Fenster aus der Luft bewundern. Die Rundflüge starten vom Villa International Airport Maamigili im Süden des Ari-Atolls.

Eine Begegnung mit dem zu 13 m langen Walhai (Rhincodon typus) ist der absolute Höhepunkt im Leben vieler Taucher: Der größte aller noch lebenden Haie ist absolut ungefährlich und ernährt sich von Plankton und anderen Kleinstlebewesen, die er durch Ansaugen des Wassers durch sein bis zu 3 m weit aufgerissenes Maul filtriert. Im Süd-Ari-Atoll findet man sie fast garantiert, und meist muss man nicht mal tief unters Wasser. Allerdings ist der Walhai mit seiner grau-blauen Farbe und den weißen Punkten und Streifen auf dem Rücken geradezu perfekt getarnt. Viele Resorturlauber von **Dhiffushi** und **Dhidhoofinolhu** verbringen ihren Urlaub damit, täglich mit einer erfahrenen Bootscrew hinaus aufs offene Meer zu fahren, um ihn zu erspähen. Dann springt alles ins Wasser, und der gutmütige Fisch lässt sich die menschliche Aufmerksamkeit eine Weile gefallen, dann taucht er wieder ab. Die meisten Begegnungen dauern nicht länger als eine Minute, die Gespräche am Abend darüber Stunden.

Doch auch in den Lagunen und an den Hausriffen der Inseln bekommt man einiges geboten. Der Picasso-Drückerfisch ist ein wahrer Maler, mit geflecktem schwarz-weiß-gelben Muster macht der Leoparden-Drücker auf Raubkatze, der Kugelkopf-Papageifisch schillert gelb, grün und lila, der Imperator-Kaiserfisch liebt blaugelbe Stromlinien, der Napoleon-Lippfisch leuchtet dunkelgrün, der Juwelen-Zackenbarsch feuerrot.

Zwei Nummern größer sind Schwarzspitzen-Riffhaie und Graue Riffhaie, die Menschen in Ruhe lassen. Auch Mantas segeln mit elegantem Flügelschlag durchs Wasser.

FESTE UND EVENTS

» Manche Resorts bieten Tagesausflüge mit einem traditionellen »dhoni« (Boot) zu einer nahen Einheimischen-Insel an. Wer Glück hat, erlebt sogar eines der zahlreichen **islamischen Feste**.

HOTELS

» **Holiday Island Resort & Spa**
Ganz im Süden am Außenriff gelegen, ist Dhiffushi die entlegenste Hotelinsel im Ari-Atoll. Auch diese Hotelanlage mit 142 geschmackvollen, auf Einzel- und Doppelbungalows in Strandlage verteilten Zimmern ist erschwinglich.

Dhiffushi, Tel. +960/668 00 11, www.villahotels.com, **€€€**

» **LUX South Ari Atoll Resort & Villas**
Wie ein grüner Pinselstrich liegt die Insel Dhidhoofinolhu inmitten einer riesigen Lagune am Südostrand des Ari-Atolls. Die weitläufige Anlage bietet insgesamt 193 komfortable, für maledivische Verhältnisse noch erschwingliche Zimmer in Land- und Wasserbungalows.

Dhidhoofinolhu, Tel. +960/668 09 01, www.luxresorts.com, **€€€**

Carretera Austral
Chile

Ein Drittel des chilenischen Territoriums liegt südlich von Puerto Montt, aber wirklich erschlossen hat diese früher nur mit dem Schiff zugängliche feuchtkühle Region erst die spektakuläre Carretera Austral zwischen Puerto Montt und Villa O'Higgins. Besucher erwarten wilde unberührte Landschaften mit Bergen, Fjorden und Inseln, lange isolierten Gemeinden und malerischen Häfen.

Markanter Blickfang auf der Carretera Austral: die Hängebrücke südlich von Chaitén über den Lago Yelcho. Der See ist übrigens ein Paradies für Fliegenfischer.

Greise Baumriesen im Parque Pumalín: Der 290 000 Hektar große Park zum Schutz des Regenwaldes geht auf eine Initiative des US-amerikanischen Millionärs und Umweltaktivisten Douglas Tompkins, Gründer des Modelabels Esprit, zurück.

Schneebedeckte Berge, kristallklare Seen, majestätische Hängegletscher, donnernde Wasserfälle und mehr als tausend Jahre alte Alercen prägen die magische Schönheit dieser Region. Im Hochsommer wird es allerdings voll auf dieser Traumstraße, denn die Chilenen, aber auch Argentinier und Brasilianer genießen dann ihre langen Weihnachtsferien.

WARUM JETZT?

Weil es im südlichen Spätfrühling bereits angenehm sonnig und oft recht mild ist. Die im November in knallbunten Farben erblühten Lupinen stehen in voller Pracht, und Teppiche aus Wildblumen begleiten die Fahrer auf ihrer Reise nach Süden. Das nach einem Ausbruch des gleichnamigen Vulkans wieder aufgebaute Dorf **Chaitén** dient als Sprungbrett für Ausflüge in die gemäßigten Regenwälder des **Parque Pumalín**. Der anspruchsvolle Wanderweg »Sendero Laguna Tronador« endet an einem unberührten See mit Zeltplatz und belohnt Trekker mit grandiosen Ausblicken auf den Volcán **Michinmahuida**. Ein östlicher Abstecher von der Carretera führt in das attraktive Städtchen **Futaleufú**, das im Sommer bei Wanderern und Reitern, aber auch bei Raftern und Kajakfahrern beliebt ist. Der **Río Futaleufú** gilt nämlich als einer der anspruchsvollsten Wildwasserflüsse der Welt.

Etwa 190 km südlich von Chaitén führt die Carretera in die von deutschen Einwohnern gegründete Siedlung **Puyuhuapi**. Sie liegt an der Spitze des von steilen, bewaldeten Hügeln gesäumten schmalen **Ventisquero-Fjords** und hüllt sich oft in Nebelschwaden. Die 6 km südlich der Ortschaft gelegenen heißen Quellen der **Termas Ventisquero** laden zur Entspannung ein. Im Osten von Puyuhuapi erstreckt sich der **Parque Nacional Queulat**: eine wilde Landschaft mit zerklüfteten Bergen, dichten Wäldern, reißenden Gletscherflüssen und dem atemberaubenden Hängegletscher **Ventisquero Colgante**.

Mit dem Flughafen von Balmaceda und dem Hafen von Puerto Chacabuco bietet das etwa auf halbem Weg 634 km südlich von Puerto Montt an der Carretera gelegene Städtchen **Coyhaique** die beste touristische Infrastruktur. Sehr beliebt sind Gletschertouren im 200 km südwestlich gelegenen **Parque Nacional Laguna San Rafael**: Die pfeilschnellen Katamarane starten in **Puerto Chacabuco**. Mit Schlauchbooten fährt man ganz nah an den riesigen Gletscher heran.

Das Grenzstädtchen **Chile Chico** am Südufer des Lago General Carrera ist das Tor zur **Reserva Nacional Jeinemeni**, dem nördlichsten Abschnitt des Parque Patagonia. Das weiter südlich gelegene **Cochrane** bietet weitere Zugänge zu diesem riesigen Reservat mit Bergen, unberührten Hochlandseen, patagonischer Steppe und bewaldeten Hügeln. Weiter südwestlich lohnt ein Abstecher von der Carretera zur **Caleta Tortel**. Hier legen Ausflugsboote zu den Gletschern **Ventisquero Steffens** und **Ventisquero Jorge Montt** ab. Die Carretera endet nach atemberaubenden Serpentinen mit grandiosen Ausblicken auf Gletscherflüsse und Wälder in **Villa O'Higgins**.

FESTE UND EVENTS

» »Curanto« ist eine südchilenische Spezialität: In Erdlöchern werden verschiedene Köstlichkeiten gegart und die Menschen kommen zum Feiern zusammen

HOTELS

» **Nomades Hotel Boutique**
Die Gebäude aus grob behauenen Steinblöcken verbergen sieben luxuriöse Zimmer mit Regenduschen, einige mit herrlichem Terrassenblick auf den Río Coyhaique. Ein mächtiger Ofen aus Schiefer wärmt die Lounge.

Avenida Baquedano, Coyhaique, Tel. +56/67/ 2 23 77 77, www.nomadeshotel.com, **€€€**

» **Cabañas Caleta Gonzalo**
Die auf Stelzen mit großen Fenstern in einsamer Natur errichteten »cabañas« sind individuell mit rustikalem Schick eingerichtet. Die Möbel sind handgeschnitzt, die Wolldecken einheimische Webarbeiten. Von großzügigen Veranden blickt man auf die nebligen Berge. Kunsthandwerksladen und Café. Guter Ausgangspunkt für Wanderungen.

Caleta Gonzalo, Parque Pumalin, Tel. +56/65/225 00 79, www.parquepumalin.cl, **€€**

Der kalbende Jorge-Montt-Gezeitengletscher am Rand des südpatagonischen Eisfeldes. Doch die globale Erderwärmung, so die chilenischen Glaziologen, lässt den Eisriesen jährlich in Rekordgeschwindigkeit schmelzen.

OKTOBER

Mauritius

Palmengesäumte Strände, glitzernde Lagunen, türkisblaues Meer, ein schützender Ring aus Korallenbänken, dazu einige der luxuriösesten Hotels mit dem freundlichsten Personal der Welt: »Zuerst erschuf Gott Mauritius, dann das Paradies. Aber das Paradies war nur eine Kopie«, schwärmte Mark Twain von der kleinen gebirgigen Trauminsel im Indischen Ozean.

Ein Meer von Kerzen und Lämpchen symbolisiert beim Lichterfest »Diwali« den Sieg über die Finsternis.

Auf Mauritius demonstrieren Menschen zahlreicher Ethnien, Religionen, Hautfarben und Sprachen, dass eine friedliche multikulturelle Gesellschaft keine Utopie sein muss. Die gemeinsame Alltagssprache ist Kréol, die mit englischen, indischen, arabischen, chinesischen und afrikanischen Ausdrücken gespickt ist. Wenn die Christen Weihnachten feiern, beschenken sich auch Nichtchristen. Das große Aussöhnungsfest »**Eid al-Fitr**«, mit dem das Ende des Ramadan begangen wird, dient nicht nur Muslimen als Grund für einen Festschmaus. Zum **chinesischen Neujahrsfest** lassen auch christliche Chinesen Knallfrösche und Feuerwerk krachen, bis sich alle bösen Geister aus dem Staub gemacht haben. Wenn die Tamilen ihre schmerzhaft anmutende Reinigungszeremonie »**Thai Poosam**« (»Kavadee«) feiern, schauen alle anderen aber doch lieber nur zu.

WARUM JETZT?

Weil das Wetter jetzt sonnig und trocken ist, im Hochland aber nicht mehr so kühl. Trotzdem herrscht noch Nebensaison. Und man fliegt mitten hinein in den Frühling: mit duftenden Frangipani, strahlend roten Flamboyants, lila blühenden Jacaranda-Bäumen und purpurrot und rosa leuchtenden Bougainvilleen. Außerdem findet im Oktober das zauberhafte hinduistische Lichterfest »**Diwali**« statt. Es gilt dem Sieg über die Finsternis, als Rama den bösen Ravana schlug und Krishna den Dämonen Narakasuran besiegte. Im ganzen Land leuchten Öllämpchen, Kerzen und bunte Glühbirnen. Kurz darauf ziehen Hindus zu »**Ganga Asnan**« mit Opfergaben an den Strand, um ein Bad im Meer zu nehmen. Da es auch das heilige Wasser des Flusses Ganges aufnimmt, glaubt man an eine reinigende Wirkung.

Die ethnische Vielfalt manifestiert sich auch in der **Küche**. Wer nicht wenigstens einmal ein richtiges mauritisches Curry probiert hat, höllisch scharf und unschlagbar preiswert, der hat etwas verpasst. Auch die »rougaille« der Kreolen, ein leckerer Eintopf mit Fleisch oder Fisch, gebratenen Zwiebeln, Knoblauch, Tomaten, Kräutern und Ingwer, gibt's zum Spottpreis in jeder Garküche, und die chinesischen Omelettes mit Hummer, Krabben und Garnelen schmecken nicht minder gut. In den Kolonialläden der Hauptstadt **Port Louis** riecht es nach Orient und Afrika, nach Curry, Zimt, Muskatnuss, Koriander, Safran, Pfeffer und Trockenfisch.

Und dann ist da noch die **Séga**, der rhythmische Nationaltanz, bei dem indische, chinesische, europäische und afrikanische Einflüsse verschmelzen. Die Frauen treten in knappen Oberteilen auf, nabelfrei, in weiten, geblümten Röcken und bloßen Füßen, lassen die Hüften kreisen und schwingen. Bei den jungen Leuten ist **Seggae**, eine Kombination aus Séga und Reggae, besonders beliebt. Kaum legt der DJ eine aktuelle Scheibe auf, stürzen die Einheimischen jeglicher Couleur jauchzend auf die Tanzflächen der Diskotheken: zum Teufel mit der Authentizität!

FESTE UND EVENTS

- **Pilgerfahrt** zum Schrein von Père Laval (9. Sept.)
- Indisches Lichterfest **»Diwali«** (Okt.)

HOTELS

Lakaz Chamarel Exclusive Lodge
Sehr schöne Ökolodge inmitten einer üppigen tropischen Natur. Die Suiten sind mit Privatpool ausgestattet. Sehr gutes Restaurant, Spa, zuvorkommender Service. Mit Halbpension.

Piton Canot, Chamarel, Tel. +230/483 42 40, www.lakazchamarel.com, **€€-€€€**

Bleu de toi
Charmantes kleines Hotel zwischen Grand Baie und Pereybère mit nur acht sehr geschmackvoll und komfortabel eingerichteten klimatisierten Zimmern. Hübscher tropischer Garten mit Pool. Am Abend mixt der Besitzer gute Cocktails.

Royal Road, Péreybère, Tel. +230/269 17 61, www.bleudetoi.mu, **€€**

Fidschi-Inseln

Einst waren sie als Kannibaleninseln berüchtigt, heute sind sie ein multikultureller Schmelztiegel. Schon seit langer Zeit inszeniert Hollywood an den alabasterfarbenen Palmenstränden seine Südseeträume von der blauen Lagune, und so haben die gastfreundlichen Fidschianer Filmstars wie Jean Simmons, Brooke Shields und Milla Jovovich stets mit einem herzlichen »Bula« begrüßt.

»

332 Inseln und Inselchen bilden den Fidschi-Archipel im Südpazifik. Kurzum, ein Südseeparadies aus tiefblauem Meer, weißem Sand, Korallenriffen und Palmen.

Farbenfroh und ansprechend präsentiert: Auf den Marktständen in Nadi verkaufen die Einheimischen ihre Erzeugnisse, Taro-Blätter, Maniok, Dalo-Wurzeln, Brotfrucht, Kochbananen und Japanische Auberginen.

Die Fidschi-Inseln liegen im Südpazifik, 3000 km nordöstlich von Australien. Nur an die hundert der etwa 320 Eilande sind bewohnt. Die meisten Menschen leben auf den großen Vulkaninseln Viti Levu und Vanua Levu, doch die blaue Lagune mit ihren blendend weißen bis zartpinken Korallensandstränden findet man eher in den Inselgruppen der Mamanucas und Yasawas.

WARUM JETZT?

Weil im September und Oktober noch immer fast perfekte klimatische Bedingungen herrschen, die Surferwellen ebenfalls noch immer mächtig von Süden her an die Korallenriffe branden, aber weder Australien noch die USA Ferien haben. Dazu kommen einige der schönsten Feste des Landes. Doch auch ohne Feste lernt man die Kultur der Fidschi-Inseln am schnellsten auf der Hauptinsel **Viti Levu** kennen. Zum Markttag in der Hauptstadt **Suva** strömt ein buntes Völkergemisch aus Fidschianern, Indern, Chinesen, Europäern und Menschen aus anderen pazifischen Inselstaaten. Die Stände biegen sich unter Bergen von Reis, Maniok, Süßkartoffeln, Bananen, Papayas und Ananas. Längst schätzen die melanesischen Fidschianer Bollywood-Filme, indische Mode, Schmuck und die scharf gewürzte Küche der Inder. Verbindend ist auch die Leidenschaft für Rugby. »**Diwali**«, das Lichterfest der Hindus (Oktober und November), ist längst auch bei den einheimischen Fidschianern populär.

Für den Touristen bedeutet das die Chance, beim Besuch eines fidschianischen Dorfs mit Kava-Zeremonie tief in die Traditionen der einheimischen Fidschianer einzutauchen und wenige Stunden später im farbenfroh mit skulptierten Gottheiten und Fresken dekorierten Sri Siva Subramaniya Swami Temple in **Nadi** Einblicke in indische Glaubensvorstellungen zu bekommen.

Viti Levu ist keine Insel für den Strandurlaub. Man geht lieber im vulkanisch geprägten, üppig grünen Inselinneren auf Wanderungen und belohnt sich mit Panoramaausblicken auf die **Mamanucas** und die **Yasawas**. Aufregend ist auch eine Raftingtour auf dem schäumenden **Upper Navua River** im Süden der Insel und die Begegnung mit Haien am **Shark Reef**.

Auch **Vanua Levu**, die zweitgrößte Fidschi-Insel, hat Aktivurlaubern viel zu bieten. Das **Rainbow Reef** vor der Südostspitze gilt als einer der besten Tauchgründe des Südpazifiks, in den tief eingeschnittenen Buchten kann man Kajak fahren, und die **Waisali Rainforest Reserve** im Norden der zerklüfteten Insel ist ideal für Wanderer und Vogelbeobachter.

An die Ostküste des benachbarten **Taveuni Island** verlegte Regisseur William A. Graham das Remake von »Rückkehr zur blauen Lagune«. Und so durfte 1991 eine bezaubernde Milla Jovovich leicht geschürzt unter den Wasserfällen des **Bouma National Heritage Park** baden und am Lavena Beach im kristallblauen Wasser planschen. Und sollte Hollywood mal wieder nach einer neuen blauen Lagune suchen: Ganz im Osten der Fidschis liegen die Archipele **Lau** und **Moala**, mit 50 Inseln, deren Buchten vermutlich noch keiner alle gesehen hat.

FESTE UND EVENTS

- **»Fiji Week«** feiert eine Woche lang rund um den Fiji Day (10. Okt.) die kulturelle Vielfalt der Inseln.
- **»Diwali«**, das Lichterfest der Hindus, sorgt für zauberhafte Momente (Ende Okt./Mitte Nov.).
- Zur gleichen Zeit feiert man das **»Uprising Festival of Music, Dance & Lights«**.
- Das Hindufest **»Ram Leela«** zelebriert im Mariamman Temple von Vunivau mit Theateraufführungen die Rückkehr des Gottkönigs Rama (1. Okt.-Woche).

HOTELS

Colo-i-Suva Rainforest Eco Resort
Komfortable preiswerte Zimmer an einem See mitten im Regenwald mit Bar und Restaurant. Busverbindung mit dem Stadtzentrum von Suva.

Princes Road, Colo i Suva, Tel. +679/332 05 62, www.coloisuva.com.fj, **€€**

Gecko Lodge
Schön gelegene preiswerte und gastfreundliche Lodge mit drei Zimmern für Selbstversorger. Exzellente Küche, Gratisverleih von Fahrrädern und Kanus.

Lot 22, Lesiaceva Point Road, Savusavu, Vanua Levu, Tel. +679/921 31 81, www.geckolodgeinfiji.com, **€-€€**

»Diwali«, vergleichbar mit dem christlichen Weihnachtsfest, wird inzwischen auch von den nicht hinduistischen Bewohnern der Fidschi-Inseln zelebriert. Bei diesem Lichterfest werden die äußere und innere Welt zum Leuchten gebracht.

SEPTEMBER

Salvador da Bahia

Brasilien

Überschäumendes Temperament, afrikanische Traditionen, farbenfrohe Barockbauten und der größte Straßenkarneval der Welt: Das ist Salvador da Bahia, die Stadt des Axé, der Lebenskraft. Für Jorge Amado, Brasiliens berühmtesten Schriftsteller, war sie die »magische Stadt«.

Karneval im Pelourinho, der Altstadt von Salvador: Ausdruck reiner Lebensfreude bei Jung und Alt

Und wer ein wenig länger bleibt, verliert die Furcht vor den »ladrões«, den Meisterdieben, lässt das Geld im Hotel und schöpft Vertrauen auch dort, wo keine Militärpolizisten Wache stehen, denn Gott, so lautet ein Sprichwort, ist schließlich Brasilianer.

Ein wahrer Traum sind die ausgedehnten Palmenstrände des Bundesstaats Salvador da Bahia an der Estrada do Coco im Norden oder entlang der nicht minder schönen »Kakaoküste«. Der herrliche weiße Sandstrand **Prainha** bei **Itacaré**, einem kleinen Fischerdorf im Süden von Salvador, gilt gerade als besonders hip. Hier reicht atlantischer Regenwald bis an die Küste, und die enormen Wellen machen Prainha zum Surfermekka. Das historische **Porto Seguro** hat sich bereits zur »Partystadt« gemausert, doch am Strand von **Trancoso** geht es immer noch afro-brasilianisch-relaxed zu.

FESTE UND EVENTS

» Zahlreiche **»Micaretas«** (Mini-Karnevals) in den Küstenorten (Sept.)

HOTELS

» **Convento do Carmo**
Brasiliens erstes historisches Luxushotel in einem Karmeliterkloster mitten im Pelourinho-Viertel. Komfortable Zimmer, kleiner Pool, vorzügliches Restaurant.

Pelourinho, Rua do Carmo 1,
Salvador, Bahia, Tel. +55 71/33 27 84 00,
www.conventodocarmo.com.br, **€€€**

» **Itacaré Eco Resort**
Ökoresort im atlantischen Regenwald über einer kleinen Bucht. 25 komfortable Apartments mit Veranda. Gutes Restaurant mit internationaler Küche und Spezialitäten aus Bahia.

Praia de São José, Itacaré, Tel. +55 73/51 31 33,
www.itacareecoresort.com.br, **€€**

WARUM JETZT?

Weil Stadt und Strände des Bundesstaats während des Karnevals im Februar viel zu überlaufen sind. Im September herrscht perfektes, nicht zu schwüles Strandwetter, aber die Urlauber aus dem brasilianischen Süden sind nicht mehr da. Außerdem feiert man an der Küste zahlreiche »micaretas«: So heißen die Mini-Karnevals, auf denen es zwar heiß, aber wesentlich entspannter zugeht.

Die Altstadt von **Salvador**, der Pelourinho, ist ein inzwischen sorgfältig restauriertes Juwel farbenfroher lateinamerikanischer Barockarchitektur und seit 1985 UNESCO-Weltkulturerbe: ein Zentrum afrobrasilianischer Identität. Eine Attraktion für sich sind die »baianas«: So heißen die in weiße, lange Spitzenröcke und kunstvolle Blusen mit filigranen Bordüren und handgeklöppelten Spitzen gehüllte Einwohnerinnen der Stadt, die auf der Straße aus kleinen Garküchen Speisen verkaufen. Ihre »aracajés« – in »dendê« (Palmöl) herausgebackener Teig mit Bohnen, Krabben und Zwiebeln – muss man einfach mal probiert haben.

Inzwischen haben die Vororte Salvadors **Itapoã** fast eingekreist, doch die Atmosphäre aus der Zeit, in der sich hier die Künstler des Tropicalismo trafen und Vinícius de Moraes mit samtweicher Stimme das Lied von »Itapoã« sang, die gibt es noch immer. Auch die legendären Barracas da Praia, die Strandbuden, schenken noch immer frisches Kokoswasser und Cachaça aus. Vielleicht trägt der Wind die blechernen Laute des »berimbau« heran – ein Bogen aus Biriba-Holz mit nur einer Metallsaite. Ein Holzstäbchen, die »baqueta«, schlägt an den Draht, und zu diesem Takt tanzen junge Männer im nassen harten Sand des Flutsaums die akrobatische Capoeira.

Im **Parque Nacional Marino de Abrolhos**, einem unbewohnten Archipel, der 1503 von Amerigo Vespucci entdeckt wurde, taucht man zu seltenen südatlantischen Korallen, an den Inselstränden legen Seeschildkröten ihre Eier ab, und zwischen Juli und November kalben Buckelwale in Sichtweite der fünf Inseln.

NOVEMBER

London

»Wenn jemand Londons überdrüssig ist, ist er des Lebens überdrüssig; denn in London hat man alles, was das Leben bieten kann.« Die viel zitierten Zeilen des gelehrten Schriftstellers Samuel Johnson aus dem 18. Jh. gelten bis heute, denn London ist und bleibt eine der coolsten, modernsten Städte der Welt. Ein Leben reicht dafür gar nicht aus.

Herbst an der Themse: Im Potters Fields Park nahe der Tower Bridge segeln die letzten Blätter ins Gras.

Also immer wieder nachschauen, ob die Raben noch um den Tower fliegen, ob die Fahne der Queen noch über dem Buckingham Palace flattert, was die Tate Modern wieder an spektakulären Ausstellungen, das Westend an heiß diskutierten Musicals und Theateraufführungen zu bieten hat und ob mal wieder ein neues Graffiti von Banksy die Mauern von Shoreditch ziert.

WARUM JETZT?

Weil es kein schlechtes Wetter gibt, sondern nur schlechte Regenschirme! Also erst mal zu James Smith & Sons Ltd. in **Bloomsbury**, dem seit 1857 kaum veränderten bestsortierten Schirmgeschäft der Welt (Tube Tottenham Court Rd.). Das gute Stück können Sie sich leisten, weil sich Fluggesellschaften und Hotels im November mit Discountpreisen geradezu überschlagen, denn alle glauben, London müsse jetzt grau und trostlos sein. Dabei wurden 2020 durch den Eurotunnel angereiste Besucher schon ab dem 6. November auf dem Bahnhof **St Pancras International** mit einem pinken Weihnachtsbaum begrüßt. Wie wird er in den nächsten Jahren aussehen?

»Christmas came early!« Während in **Chinatown** noch die Laterneninstallationen des herbstlichen chinesischen Erntefests leuchten, knipst die **Oxford Street** schon am 2. November ihre magische Weihnachtsbeleuchtung an, jedes Jahr mit einem anderen Thema. Die Geschäfte locken mit Tiefstpreisen, kostenlosen Drinks und Entertainment. Ein paar Tage später folgt die **South Bank** mit ihrem festlich illuminierten Weihnachtsmarkt und gläsernen, innen kuschelig ausgestatteten Iglus, in denen bis zu sechs Personen sozial-distanziert ihr Fondue genießen können, im Coppa Club mit Blick auf **Tower Bridge** und **The Shard**, im The Sipping Room auf die illuminierte **Canary Wharf**. Das Skylight im **Tobacco Dock** und das Aviary Rooftop Restaurant am **Finsbury Square** bauen ihre Iglus sogar auf der Dachterrasse auf. Pergola Paddington macht seine beheizte Dachterrasse zum Winterzauberwald »Miracle on Kingdom Street«: mit alpinen Chalets, flackerndem Kaminfeuer und 200 echten Weihnachtsbäumen. Ab dem 10. November etwa erhellen dann über 115 000 Lichter das **Covent Garden Christmas Display**, davon allein 30 000 am größten Weihnachtsbaum der Stadt. Romantiker stellen sich natürlich zum Instagram-Kuss unter den riesigen Mistelzweig-Kronleuchter. Und das alles ohne Besuchermassen!

Mitte November soll auch wieder die Eislaufbahn am **Tower of London** eröffnet werden, in dem einst Guy Fawkes die letzten Wochen seines Lebens verbrachte, nachdem er am 5. November 1605 versucht hatte, König Jakob I. und gleich das gesamte englische Parlament in die Luft zu sprengen. Mit der »Bonfire Night« feiern die Engländer den größten Fehlschlag ihrer Geschichte mit Feuerwerken und Fackelzügen, bei denen Strohpuppen in Gestalt von Guy Fawkes verbrannt werden. Er sei der einzige Mann gewesen, der je mit ehrlichen Absichten in das Parlament ging, spotten die Londoner. »Take this, Boris!«

FESTE UND EVENTS

» **»Bonfire Night«** (5. Nov.)

HOTELS

» **Portobello Hotel**
Stars aus der Musik-, Schauspieler- und Modelszene checken gern in diesem exzentrischen Hotel (Tube Notting Hill) ein. 21 individuell designte Zimmer, Nr. 13 mit Himmelbett aus Hampton Court und einer viktorianischen Badewanne!

22 Stanley Gardens, Notting Hill, Tel. +44/20/77 27 27 77, www.portobellohotel.com, **€€€**

» **Montagu Place**
In diesem erschwinglichen georgianischen Townhouse (Tube Baker Street) bietet die Kategorie »comfy« die preiswertesten Zimmer, während »swanky« mit besonders großen Bädern glänzt.

2 Montagu Place, Marylebone, Tel. +44/20/74 67 27 77, www.montagu-place.co.uk, **€€-€€€**

OKTOBER

Wien

»Die meisten sogenannten Sehenswürdigkeiten sind vom vielen Hinschauen ganz abgenutzt.« Ja, die zahlreichen »Raunzer« des Wiener Kabarettisten Helmut Qualtinger sind unvergesslich. Wobei »abgenutzt« in der ehemaligen Hauptstadt der Donaumonarchie einen ganz besonderen Charme hat. Noch »a bisserl« mehr abnutzen schadet daher gar nichts.

Die Warteschlangen vor der Wiener Hofburg sind im Herbst schon deutlich kürzer geworden.

Und da gibt es ja so viel, angefangen vom gotischen **Stephansdom**, von dessen unvollendet gebliebenem Nordturm man die ganze Stadt Wien abnutzen, pardon anschauen kann. Oder die geradezu überwältigenden Kunstschätze der **Hofburg**. In den Kaiserappartements glaubt man noch immer, gleich träte Franz Joseph durch die Tür, um den Gast mit seinem legendären »Es war sehr schön, es hat mich sehr gefreut« wieder hinauszukomplimentieren, bevor der am Ende noch die Insignien des Heiligen Römischen Reiches Deutscher Nation abnutzt.

WARUM JETZT?

Weil man am ersten Oktobersamstag in der »Langen Nacht der Museen« über 80 Museen besichtigen kann oder – besser gesagt – könnte. Wer noch gar nichts gesehen hat, kann mit Dürers langohrigem »Feldhasen« in der **Albertina** anfangen, danach von Klimts goldenem »Kuss« im **Oberen Belvedere** träumen und im **Kunsthistorischen Museum** Caravaggios »Rosenkranzmadonna« anschmachten. Im **Prater** blühen zwar jetzt nicht mehr die Bäume, dafür leuchten sie in den schönsten Herbstfarben, und das weltberühmte Riesenrad dreht sich noch immer. Auch der viel besungene **Wiener Zentralfriedhof** lädt jetzt zu melancholischen Spaziergängen ein. Und schon sind wir mittendrin im morbiden Wien, denn das alles waren Drehorte für den in Schwarz-Weiß gedrehten **»Dritten Mann«** von Carol Reed aus dem Jahr 1949. Noch immer wird er dreimal die Woche im Wiener Burgkino gezeigt. Im November ist dessen neblige Atmosphäre noch heute zu spüren. In die Wiener Kanalisation hinabsteigen muss man nicht unbedingt, aber im 1. Bezirk das **Palais Pallavicini** (Josefsplatz 5) anschauen, Harry Limes Wohnhaus, vor dem er angeblich von seinem eigenen Fahrer überfahren wurde. In der Schreyvogelgasse 8 drehte man die Szene mit der Katze. Der Casanova Club in der Dorotheengasse 6 ist immer noch ein Nachtclub, und auch das Theater in der Josefstädterstraße 26 gibt es noch.

FESTE UND EVENTS

- **»Lange Nacht der Museen«**, (1. Sa im Okt., https://langenacht.orf.at)
- **»Viennale Film Festival«**, (Ende Okt.–Anf. Nov., www.viennale.at)

HOTELS

- **Altstadt Vienna**
  Wiens schönstes Boutique-Hotel, in der Nähe von Spittelberg und Museumsviertel. Einige Zimmer im Stadtpalais hat der berühmte Architekt Matteo Thun designt, andere haben Wiener Modestars wie Lena Hoschek gestaltet.

  Kirchengasse 41, Tel. +43/1/522 66 66, www.altstadt.at, **€€€**

- **Grätzlhotel Karmelitermarkt**
  Das Wohnen im Hotel neu erfinden möchten die Wiener Urbanauts, die ehemalige Ladenlokale in zentrumsnahe »horizontale« Hotelzimmer umbauen. Den »Service« liefert ein Netzwerk sogenannter fellows (Geschäfte, Kaffeehäuser, Bars, Wellnessbäder).

  Große Sperlgasse 6, Tel. +43/1/208 39 04, www.graetzlhotel.com, **€**

Das Kaffeehaus »Marc Aurel«, wo Harry, Holly und Anna aufeinandertreffen, war allerdings eine am **Hohen Markt** errichtete Kulisse. Aber es gibt ja so viele echte **Kaffeehäuser**: »Orte für Menschen, die die Zeit totschlagen müssen, um nicht von ihr totgeschlagen zu werden«, wie es Alfred Polgar so treffend formulierte. Spitzenreiter unter den Wiener Kaffeehausmythen bleibt das **Hawelka**, das bei Literaten und Künstlern wie Helmut Qualtinger, Andy Warhol und André Heller so beliebt war, weil die Hawelkas nie renovierten. Noch heute ist alles so wie damals, mit roten Plüschbänken, Marmortischen, vernickelten Tabletts und figurenbewachten Spiegeln. Josefine Hawelkas legendäre »Buchteln« backt jetzt Enkel Amir. Touristen werden also weiterhin Ausschau halten können nach dem »Nackerten im Hawelka«, den es natürlich nur im Lied von Georg Danzer gegeben hat.

OKTOBER

Rom

»Morgen abend also in Rom. Ich glaube es noch jetzt kaum, und wenn dieser Wunsch erfüllt ist, was soll ich mir nachher wünschen?« Das schrieb ein ungeduldiger Goethe in Città Castellana am 28. Oktober. Niemand hat je die magische Anziehungskraft der Ewigen Stadt ausgedrückt wie der deutsche Dichterfürst. Und er hatte genau die richtige Jahreszeit für seine Ankunft gewählt.

Vom Pincio-Hügel lässt sich der Blick auf die Ewige Stadt jetzt ohne Gedränge genießen.

Es wäre natürlich verrückt, Rom in einem Tag besichtigen zu wollen. Goethe nahm sich bekanntlich zwei Jahre Zeit. Sicher, man könnte morgens am Kolosseum starten, zum Forum Romanum hinüberspazieren, dann hinauf zu den Kunstschätzen der Kapitolinischen Museen, einen Caffè auf der Caffarelli-Terrasse mit Rompanorama genießen, rüber zum Pantheon, mit dem Taxi zum Vatikan, wieder zurück, um die Münze in die Fontana di Trevi zu werfen, und dann am Campo de' Fiori zu Abend essen. Oder man macht es wie die Römer und huldigt in der Abenddämmerung dem Ritual des »struscio«. Rund um die Spanische Treppe flanieren die eleganten Leute an den Auslagen der Nobelboutiquen entlang, während auf der Piazza Popolo oder der aus Fellinis »Dolce Vita« bekannten Via del Corso die Komplimente an die holde Weiblichkeit etwas handfester ausfallen. Immer geht es darum, mit viel Geschick den Blick einer »bella signorina« auf sich zu ziehen – und dabei selbstredend eine »bella figura« zu machen.

FESTE UND EVENTS

» **»Romeuropa«** (Mitte Sept.–Ende Nov., www.romaeuropa.net)

HOTELS

» **Hotel Adriano**
5 Min. vom Pantheon entfernt versteckt sich dieses Juwel in einem eleganten Palazzo des 19. Jh. Zimmer mit Designermöbeln, die Frühstücksterrasse mit Ausblick verströmt herrlich römisches Flair.

Via di Pallacorda 2, Rom, Tel. +39/06 68 80 24 51, www.hoteladriano.com, **€€**

» **QuodLibet**
Charmantes schickes B & B im 4. Stock eines eleganten Gebäudes (mit Aufzug). Geräumige, geschmackvoll eingerichtete und für römische Verhältnisse wirklich ruhige klimatisierte Zimmer.

Via Barletta 29, Rom, Tel. +39/32 89 61 74 00, www.quodlibetroma.com, **€€**

WARUM JETZT?

Weil der Herbst die beste Jahreszeit für Rom ist, was Goethe gar nicht ahnte. Aber sein »Wetterbericht« vom 28. Oktober 1786 passt perfekt: »Heute war ein ganz heiterer, herrlicher Tag, der Morgen sehr kalt, der Tag klar und warm, der Abend etwas windig, aber sehr schön.« Abends versorgt den ganzen Herbst über das Festival **»Romaeuropa«** den kulturhungrigen Besucher mit Theater-, Opern- und Tanzaufführungen, tagsüber schaut man sich die Stadt ganz nach Gusto an. »Erleuchtete« Romkenner stöhnen angesichts der Schnitzer, die sich Dan Brown in seinem Erfolgsroman »Illuminati« leistete, doch die Schnitzeljagd zu den Schauplätzen der Kardinalsmeuchelungen auf einem »von Engeln geführten Lichtpfad« quer durch Rom ist recht vergnüglich: vom **Pantheon** zur Kirche **Santa Maria del Popolo**, weiter zum **Petersplatz**, in die Kirche **Santa Maria della Vittoria**, zu Berninis Vierströmebrunnen auf der **Piazza Navona** und nun zum Showdown in die **Engelsburg**.

Aber wie geht man – auch im Oktober – dem Touristenrummel aus dem Weg? Die Kirchen öffnen schon um 7 Uhr, ohne Warteschlangen und Eintritt. Selbst an der **Fontana di Trevi** trifft man frühmorgens höchstens eine Handvoll Besucher. Tickets für die Hauptattraktionen sollte man immer online kaufen, das erspart langes Anstehen. Die **Galleria Borghese** besichtigt man am besten am Donnerstagabend, der schnelle Flitzer (mit Reservierung) zur **Sixtinischen Kapelle** gelingt am ehesten am Freitag um 22 Uhr. Oft nur wenigen Touristen begegnet man auf dem **Palatinhügel**, in den **Caracalla-Thermen**, im **Nationalmuseum** oder auf den **Trajansmärkten** am Hang des Quirinal. Nahezu unbekannt ist das **Quartiere Coppedè** an der Ecke Via Dora und Via Tagliamento im Stadtteil Trieste. Was der Architekt Gino Coppedè zwischen 1915 und 1926 auf 31 000 m² verwirklichte, ist ein skurriler Mix aus italienischem Jugendstil und antikisierenden Zitaten. Puristen schimpfen, aber Sie wollten doch einen Geheimtipp?

New York

OKTOBER

»New York is back!« Und wer hätte schon daran gezweifelt, außer der ganzen Welt? Die New Yorker wussten es besser. Von wegen, alle ziehen jetzt ins Home Office nach Florida! Die Stadt, die niemals schläft, ist wieder hellwach. Sogar die Ankunft macht jetzt mehr Spaß, denn der La Guardia-Flughafen wurde 2021 für viele Milliarden Dollar ins 21. Jh. geholt.

Im rotgoldenen Abendlicht verschmilzt die Brooklyn Bridge beinahe mit den Wolkenkratzern Manhattans.

Erst mal NYC von oben sehen! Die längsten Schlangen stehen vor dem **Empire State Building**. Also doch lieber »Top of the Rock«? Das immer noch beispiellos elegante **Rockefeller Center** wurde mitten in der großen Depression errichtet. Dass man den Big Apple nicht unterkriegen kann, beweist auch das **One World Observatory**, denn die New Yorker ließen sich das höchste Gebäude der westlichen Hemisphäre nicht lange nehmen. Von hier schaut man hinüber zur neuen Aussichtsplattform in **Hudson Yards**. Das erst 2019 völlig neu angelegte Viertel kennt noch nicht jeder Tourist.

WARUM JETZT?

Weil man im Oktober den Indian Summer Neuenglands mitten im **Central Park** erleben kann. Hier haben Landschaftsarchitekten die Wälder der Adirondack Mountains nachgebildet für alle, die keine Zeit haben, 4 Std. im Auto nach Norden zu fahren. Obwohl sich der Abstecher lohnte, denn das sich in den Seen der Adirondacks spiegelnde Farbspiel ist der Traum aller »leafpeeper« (Laubgucker). Aber das heißt Hochsaison entlang der »Fall Color Routes« in Upstate New York, während es gleich hinter dem Eingang an der 100th Street in diesem Teil des Central Parks geradezu bukolisch zugeht.

Im Oktober sind die Schlangen vor dem **Metropolitan Museum of Art** kürzer als im Sommer, und die Dachterrasse ist ein toller Ort zum Sonnenuntergangucken auf den Central Park. Auch Tickets für Jazz, Oper und Ballett im **Lincoln Center** oder einen Blockbuster am **Broadway** dürften leichter zu bekommen sein. Die **Staten Island Ferry** bietet ihre grandiosen Ausblicke auf Lower Manhattan und Freiheitsstatue noch immer gratis, und nachts mit Beleuchtung, ebenso wie ein Spaziergang über die **Brooklyn Bridge**.

Noch mehr Panorama? Auf der leider nur fünfminütigen Fahrt mit der Roosevelt Island Tram über den **East River**, die man aus »Spider-Man« kennt, guckt man den New Yorkern in die Apartments und genießt dann im **Franklin D. Roosevelt Four Freedoms Park** herrliche Ausblicke auf die Skyline von Manhattan. Wenn das Wetter schwächelt: Beim Museum-Hopping an der Upper East Side gibt's niederländische Meister in der **Frick Collection**, Klimts »Frau in Gold« in der **Neuen Galerie** oder alles von Chagall bis Kandinsky im **Guggenheim Museum**, dessen Architektur von Frank Lloyd Wright schon von außen eine Schau ist. In der milden Oktobersonne leuchten auch die Murals des **Bushwick Collective** in Brooklyn am intensivsten. Einfach die Subway zur Jefferson Street nehmen und in der **Troutman Street** die Kunstwerke von Ruben Ubiera, Natasha May Platt, Sipros Naberezny und Lexi Bella bewundern. Aber vielleicht heißen die Szenestars bald schon wieder anders.

FESTE UND EVENTS

- **»BAM's Next Wave Festival«** der Brooklyn Academy of Music (Okt., www.bam.org/programs/next-wave-festival)
- **»Open House New York«**, das größte Architektur- und Design-Event (Mitte Okt., www.ohny.org)
- **»Village Halloween Parade«** in der 6th Avenue des West Village (31. Okt., www.halloween-nyc.com)

HOTELS

Ink48 Hotel
Tolles Rooftop-Hotel: 222 Zimmer, Toprestaurant, Traumblick von der Press Lounge im 16. Stock auf Manhattan.

653 11th Ave, NY 10036, Tel. +1/212/757 00 88, www.ink48.com, **€€€**

Ludlow Hotel
Besonders hip und mitten in der coolen Lower East Side Manhattans. Zimmer (auch Mini-Studios für Singles) mit Vintage-Möbeln, Regendusche und Top-Aussicht. Exzellente französisch inspirierte Küche.

180 Ludlow St, NY 10002, Tel. +1/212/432 18 18, www.ludlowhotel.com, **€€€**

OKTOBER
NOVEMBER

Engadin
Schweiz

Vom Umbrailpass (2501 m) mit fantastischem Panorama der schneebedeckten Ortlergipfel wandert man, vorbei am malerischen See Laiu da Rims, hinunter ins Unterengadiner Val Müstair (Münstertal), dessen Bewohner noch Rätoromanisch sprechen und mit ihrem Clostra Son Jon in Müstair ein einzigartiges Weltkulturerbe besitzen.

Von Lärchenwäldern eingerahmt: Der Silsersee gilt als einer der schönsten Oberengadiner Seen.

Alle vier Innenwände der **Klosterkirche** sind mit teilweise erhaltenen Fresken aus karolingischer Zeit überzogen, die an der Ostseite mit den Apsiden im romanischen Stil übermalt wurden: der umfangreichste Freskenzyklus aus dem Frühmittelalter! Der im 9. Jh. entstandene Bilderzyklus enthüllt das theologische Weltbild der karolingischen Zeit. Die dem Sonnenaufgang zugewandte Ostseite schildert Auferstehung und Himmelfahrt Christi, Nordseite und Südseite erzählen von David und Absalom bzw. der Krönung Davids und präsentieren in den drei unteren Registern jeweils Szenen aus der Jugend, dem Wirken, der Passion und der Nachfolge Christi. Die Westseite bildet, wieder von oben nach unten gelesen, David und Jerusalem, das Himmlische Jerusalem, den Weltenrichter im Engelskranz und das Ende aller Zeiten ab.

WARUM JETZT?

Weil sich im **Val Müstair** und im **Schweizerischen Nationalpark** die Lärchen Mitte Oktober golden vor einem stahlblauen Herbsthimmel und verschneiten Dreitausendern abzeichnen. Spätestens Mitte November sind die Lärchennadeln gefallen, doch sorgen manchmal zu zeitige harte Nachtfröste und Stürme für ein jähes Ende der Zeit des alpinen Tuschkastens. Umgekehrt verlängert ein warmer September die lautstarke Hirschbrunft im **Val Trupchun** bis Mitte Oktober. An den Steilhängen tummeln sich Gämsen und Steinböcke, am Himmel ziehen Bartgeier ihre Kreise.

Besonders schöne Fotomotive mit Lärchen findet man am spiegelglatten **Palpuognasee** bei Bergün, auf der Gurlaina-Brücke in **Scuol** und am tiefblauen, von Schneegipfeln eingerahmten **Silvaplanersee**. Besonders dicht stehen die Lärchen im **Val Cluozza** im Nationalpark. Von wilder Schönheit ist auch das von Almwirtschaft geprägte **S-charl-Tal** im Unterengadin. Für den Massentourismus wurde das für den Skisport perfekt geeignete Tal nie erschlossen, und da auch der Bergbau schon 1828 aufgegeben wurde, kann man in **God da Tamangur** an der Ostflanke des Tales den höchstgelegenen Arvenwald Europas bewundern. Manche seiner bis auf 2500 m wachsenden Zirbelkiefern sind über 700 Jahre alt. Der Ort **Guard** wurde zum schönsten Bergdorf der Schweiz erklärt.

Noch mehr Engadin? Die Fahrt mit der **Bernina-Bahn** von St. Moritz nach Tirano in Italien führt durch 55 Tunnel und über fast 200 Viadukte und Brücken. Immer wieder eröffnen sich weite Ausblicke auf die grandiosen Berg- und Seenlandschaften des Schweizer Hochgebirges. In **Ospizio Bernina** ist der höchste Punkt mit 2253 m erreicht. Dann schraubt sich der Zug in mehreren Schleifen über **Alp Grüm** steil bergab nach **Poschiavo**, und im nur 429 m hoch gelegenen **Tirano** erwarten Palmen die noch sprachlosen Passagiere. »Cha Dieu ans allegra!«, heißt es im Engadin: »Dass Gott uns erfreue!«

FESTE UND EVENTS

» **Erntedankfest** in Val Müstair mit Gottesdienst, traditionsreichem Umzug und zahlreichen Verkaufsständen mit lokalen Produkten (6. Okt., www.val-muestair.ch/de/erntedankfest)

HOTELS

» **Hotel Castell**
Nach feinem Arvenholz duftende Zimmer, Sonnenterrasse mit Blick auf goldene Lärchen, ein Felsenbad mit finnischer Sauna, dazu feine Küche und gute Wandertipps.

Via Castell 300, Zuoz, Tel. +41/81/851 52 53, www.hotelcastell.ch, **€€€**

» **Chasa Chalavaina**
Das Zimmerangebot des in ein Hotel umgewandelten Hauses aus dem 13. Jh. in Klosternähe reicht von spartanisch bis komfortabel. Man isst in der Arvenholzstube oder in der »cuschina naira«, der rußgeschwärzten ehemaligen Küche.

Plaz Grond 24, Müstair, Tel. +41/81/858 54 68, www.chalavaina.ch, **€€**

OKTOBER

Provence
Südfrankreich

Irgendwo im Tal der Rhône, einige Kilometer nach Valence, nimmt das herbstgraue Licht plötzlich einen magischen Schein an, bekommt die Nase die erste Ahnung von Lavendel, Thymian und Rosmarin, tauchen die ersten Zypressen und Olivenbäume auf. Dann huscht ein überflüssiges Schild vorbei: »Vous êtes en Provence«.

Wie ein Adlerhorst klebt das Bilderbuchdorf Gordes am Rand des Plateau de Vaucluse im Lubéron.

Plötzlich drückt der Fuß nicht mehr bleiern aufs Gaspedal, wird der Blick aus dem Zugfenster erwartungsvoller. »Tausend Gesichter, tausend Aspekte und tausend Eigenschaften hat die Provence«, schrieb der Schriftsteller Jean Giono. Eine Reise durch die Provence, so meinte Giono, würde den Autofahrer an einem Tag durch die verschiedensten Landschaften führen, von denen einige an die Toskana, andere an Schottland oder an Rom erinnern würden. Selbst Giono gab zu, sein Leben lang durch diese Region gereist zu sein, ohne sie wirklich kennengelernt zu haben. Aber immer dieses magische Licht!

WARUM JETZT?

Weil Anfang Oktober das Wetter in der Provence geradezu perfekt ist: Keine glühende Sommerhitze mehr, die Luft ist klar, und in der Camargue sind die Nächte für die Mücken schon zu frisch. Die Lavendelfelder sind zwar verblüht, dafür duften in der milden Herbstsonne die Hochebenen des **Luberon** nach Thymian und Rosmarin. Die Weinfelder von **Côtes-du-Rhône** und **Châteauneuf-du-Pape** leuchten orange und rot, und zwischen den römischen Ruinen von **Vaison-la-Romaine** und **Glanum** verlaufen sich nur noch wenige Studienreisende. Jetzt ist die Zeit, sich auf die Stufen des römischen Theaters von **Orange** zu setzen, die mit mittelalterlichen Fresken ausgemalten Säle des Papstpalasts von **Avignon** zu bewundern, in **Arles** die Plätze aufzusuchen, an denen Vincent van Gogh gemalt hat, unter den Platanen von **Aix-en-Provence** zu flanieren, eine Gourmetwanderung durch das Département **Drôme** zu unternehmen oder auf – natürlich gezähmten – kleinen weißen Wildpferden an den endlos langen, jetzt einsamen Stränden der **Camargue** entlanggaloppieren.

Wer einmal im Herbst den Trüffelhändlern in den Dörfern bei ihrem diskreten Treiben zugesehen hat, könnte auf den Geschmack kommen, sich selbst auf die Suche nach dem schwarzen Diamanten zu begeben. In den schütteren Eichenwäldern der Südhänge des **Mont Ventoux** gedeihen die kostbaren, intensiv duftenden schwarzen Schlauchpilze besonders gut. Findet man in der Nähe einer Eiche schwarze Erde, in deren Umgebung kein Gras wächst, verbirgt sich unter der Oberfläche oft ein Schätzchen. Die Bauern suchen die schwarzen Knollen nicht mehr mit Schweinen, sondern mit speziell abgerichteten Jagdhunden. Ausflüge mit Trüffelsuchern organisiert im November die sympathische Domaine des Grand Devers in **Valréas**, die auch einen vortrefflichen Côtes-du-Rhône aus 100 % Syrahtrauben erzeugt.

Noch etwas Mittelmeer? Bis in den Oktober hinein kann man an Stränden der **Îles d'Hyères** noch herrlich im kristallklaren blauen Wasser baden und schnorcheln, unter der Woche oft völlig allein.

FESTE UND EVENTS

- **»Fête du Vent«.** Farbenfrohe Drachen steigen in den Himmel über den Stränden Plages du Prado in Marseille (Mitte Sept.).
- **Die »Fête de Sainte Marie Salomé«** wird in Saintes-Maries-de-la-Mer (Camargue) mit einer Prozession der Roma begangen (So um den 22. Okt.).

HOTELS

- **Hôtel d'Europe**
  Dieses Renaissance-Adelspalais wartet mit eleganten Zimmern mit Marmorbädern auf. Sternerestaurant und lauschiger Innenhof.
  14, place Crillon, Avignon, Tel. +33/4/90 14 76 76, www.heurope.com, **€€€**

- **Absoluut Valvert**
  Auf der Domaine Valvert schläft man in drei romantischen Maisonettes oder in einem mit allem Komfort ausgestatteten Baumhaus. Terrasse mit Traumblick auf den Petit Lubéron.
  Route de Marseille, Bonnieux, Tel. +33/6/72 22 37 89, www.absoluutvalvert.com, **€€**

SEPTEMBER
OKTOBER

Ibiza

Spanien

Seit die Flower-Power-Bewegung Ende der 1960er-Jahre die Schwesterinsel Mallorcas erobert hat, kommen Urlauber aus zwei Gründen: Spaß und noch mehr Spaß. »Not So Important People« – und davon gibt es auf Ibiza einige – sollten eine pralle Brieftasche mitbringen, schon wegen der sündteuren Diskotheken.

Panorama zur Abendstunde: Vom Mirador des Savinar schweift der Blick zum Felseneiland Es Vedrá.

Ob die Herren, die sich mit den Schönen der Nacht auf der Tanzfläche tummeln, tatsächlich prominent sind, aus der internationalen Halbwelt stammen oder nur reiche Provinzonkels sind, wer weiß das schon. Was die Mädels tragen, fällt jedenfalls meist unter die Kategorie waffenscheinpflichtig. Aber immerhin hat man auf Ibiza die »Adlib-Mode« erfunden, nach dem Motto: Erlaubt ist, was gefällt. In den Diskotheken spielt ohnehin keine Rolle, woher der Fummel stammt: Wenn der Sound aus Techno, House, Rap und World Music zu einem hämmernden Bumbum verschmilzt und der Seifenschaum auf die Tanzenden niederrieselt, dann sind Menschen mit ausgeprägtem Talent für Zeichensprache eindeutig im Flirtvorteil.

WARUM JETZT?

Weil jetzt auf Ibiza »veroño« herrscht, eine Kombination aus »verano« (Sommer) und »otoño« (Herbst), also die perfekte Verlängerung des Sommers. Bei Tagestemperaturen um die 25 Grad kann man auch im September und Oktober noch die Strände auf der Weißen Insel genießen und im kristallklaren aquamarinfarbenen Meer baden. Das Südseefeeling auf der Halbinsel **Trucador Peninsula** hat man jetzt unter der Woche fast für sich allein, am Wochenende teilt man es mit jetzt wieder entspannten Einheimischen. Auch Stehpaddler und Kajakfahrer kommen nun auf ihre Kosten. Und dann sind da natürlich die legendären Sonnenuntergänge mit Blick auf das Felseninselchen **Es Vedrà**, die im Herbst nach einem Regenschauer besonders dramatisch ausfallen.

Jetzt kann man auch in aller Ruhe Ibizas im sanften Herbstlicht erstrahlende weiße Altstadt **»Dalt Vila«** erkunden, in den Seitengassen original ibizenkische, inzwischen sündteure Modekreationen zu reduzierten Preisen erwerben, auf dem Hippiemarkt im Dorf **Sant Carles de Peralta** Schnäppchen machen oder die Aussicht von der festungsartigen Kirche Santa Eulària auf dem Hügel **Puig de Missa** genießen.

FESTE UND EVENTS

» **»Closing Partys«** der Diskotheken (Mitte Okt.)

» Gastronomiefestival **»Sabors d'Eivissa«** (Nov.)

HOTELS

» **Can Pujolet**
»Agriturismo« vom Feinsten in einer versteckten Finca aus dem 18. Jh. Die Zimmer sind minimalistisch-luxuriös ausgestattet, mit Terrakotta-Fliesenböden und Terrassen mitten in Olivenhainen. Pool und Whirlpool, exzellente Bioküche.

Santa Ines, San Antonio, Tel. +34/971/80 51 70, www.canpujolet.com, **€€€**

» **Can Fuster**
Das himmelblau angestrichene, über 150 Jahre alte Bauernhaus bietet acht gemütliche, rustikale Zimmer mit Holzbalken und Fliesenböden. Garten mit Pool, tolles Frühstück.

Carrer d'Eivissa, Sant Joan, +34/971/33 73 05, www.hotelruralibizacanfuster.com, **€€**

Auf dem Food-Event **»Sabors d'Eivissa«** im November lernen Gourmets Delikatessen der Inselküche kennen. Oder man geht gleich mit der vor Ort erhältlichen Broschüre »Agrorutes del Bon Gust« auf die Suche nach den feinsten Würsten, Weinen und Olivenölen. Überhaupt ist jetzt die Zeit der Wanderer und Radler, denn abseits der Autostraßen ist Ibiza mit seinen kaum befahrenen, oft unbefestigten Pisten ein Paradies für sportliche Biker. Ob man durch schattige Wälder aus Aleppo-Kiefern und Phönizischem Wacholder streift, sich an Ginster, Thymian und Zistrosen erfreut: Hier lernt man das wahre Ibiza kennen. Intakt geblieben ist die traditionelle Wehrarchitektur der Dörfer, auch wenn keine Piraten sie mehr überfallen. Inzwischen haben viele Künstler den Dörfern neues Leben eingehaucht. Und die Partys? Die Superclubs von **Sant Rafel de Sa Creu** feiern Anfang bis Mitte Oktober ihre spektakulären »Closing Partys« für alle, die so klug waren, nicht im Sommer gekommen zu sein.

WINTER

Während in Deutschland Schneematsch die Straßen lahmlegt und sich der Winterblues aufs Gemüt legt, lässt anderswo der Frühling bereits sein zartes Band flattern. Mallorca betört im Februar mit der hinreißenden Mandelblüte. Im ägyptischen Hurghada kann man im wahrsten Sinn des Wortes schon abtauchen, auch an der Küste von Uruguay herrschen Badetemperauren. Budapest lockt hingegen mit seinen berühmten Thermalbädern. Und wer die Lüneburger Heide oder die Insel Sylt einmal mit Raureif überzogen erlebt hat, wird von so viel Anmut verzaubert sein.

Zu Seite 150 + 151
Zartrosa Blüten, wohin das Auge blickt. Über sieben Millionen Mandelbäume verwandeln Mallorcas Landschaft von Ende Januar bis Anfang März in ein Blütenmeer.

Besonders ruhig

Mimosen, die Blumen mit den intensiv duftenden gelben Blütenbällchen, stehen symbolisch für Feinfühligkeit. In Südfrankreich wurden eine 130 Kilometer lange Straße und ein mittelalterliches Dorf (► S. 178) nach der dekorativen Pflanze benannt.

Preiswert

Naturschauspiel

Feste und Events

Leicht zu erreichen

Wenn die Gondeln Trauer tragen … Ein wenig winterliche Melancholie steht der Lagunenstadt Venedig (► S. 195) ausgesprochen gut.

Schönes Wetter

Lüneburger Heide

Zwischen Celle und Lüneburg sorgt im August und September eine rosaviolette Blütenpracht für Heideromantik, wie man sie aus Gedichten von Hermann Löns und aus Heimatfilmen der 1950er-Jahre kennt. Und die zauberhafte Stadt Lüneburg wirbt inzwischen fleißig mit ihrem Image als Drehort für die ARD-Telenovela »Rote Rosen«.

»

Vom Raureif verzuckert und von der Morgensonne wachgeküsst: das Pietzmoor bei Schneverdingen in seinem filigranen Winterkleid

Typisch für die Region sind die alten reetgedeckten Fachwerkhäuser, die sich harmonisch in die Heidelandschaft einfügen. Besonders stimmungsvoll zeigen sich die Katen, wenn sie ein Schneehäubchen tragen.

Violette Heide, dunkle Wacholdersträucher, einsame Birken, kleine Schäferkaten oder wollige Heidschnucken: Die »echte« Heide liegt abseits der großen Verkehrswege. Zwischen Totengrund und Wilseder Berg, im Herzen des Naturschutzparks, ist es im Sommer allerdings alles andere als einsam. Millionen Besucher bevölkern die sandigen Wege: zu Fuß, mit dem Fahrrad oder per Pferdekutsche.

WARUM JETZT?

Weil man hier jetzt vor den Toren Hamburgs völlige Ruhe und eine einzigartige Winterlandschaft findet. Wenn der Nebel wabert, fühlen sich melancholische Naturen an Goethes »Erlkönig« erinnert, an sonnigen Tagen, und die gibt es, entfaltet die mit Schnee oder Raureif überzuckerte Heide einen ganz besonderen Zauber. Die nicht mehr von unzähligen Touristenkameras genervten Schäfer haben jetzt Zeit für einen Schnack über Schnucken. Die typischen **Schafe** der Heide erfüllen nicht nur als Fotomotive oder leckerer Braten, sondern vor allem als biologische »Heidepfleger« eine wichtige Aufgabe.

Wenn richtig Schnee liegt, hört man von Weitem schon das Kinderlachen am **Brunsberg**, der mit 129 m Höhe zu Rodelpartien einlädt. Nach einer Wanderung auf dem **Heidschnuckenweg** durch das besonders schöne **Büsenbachtal** bei Handeloh, dessen weiße Birken an russische Wälder erinnern, verwöhnt das Café Schafstall mit hausgemachtem Kuchen und köstlicher heißer Schokolade.

Kein Schnee da? Im »Snow Dome« von **Bispingen** gilt auch dann: Ski und Rodel gut! Zum Aufwärmen geht's danach ins tropische Spaßbad Aqua Mundo.

Oder lieber seltene Tiere auf (fast) freier Wildbahn erleben? Im **Wildpark Lüneburger Heide** tummeln sich auf einer Fläche von 61 ha rund 130 Tierarten, darunter Schneeleoparden, Polarfüchse, Moschusochsen, Wölfe, Wollschweine, Rentiere und Elche, die sich im Winter hier besonders wohlfühlen. Darüber hinaus lädt der Baumwipfelpfad »Heide Himmel« dazu ein, aus 45 m Höhe einen atemberaubenden Ausblick zu genießen.

In der Vorweihnachtszeit entfalten auch die Städte einen besonderen Zauber. »Träumereien in Backstein« nannte die Schriftstellerin und Historikerin Ricarda Huch die stolzen Bürger- und Patrizierhäuser, die mit ihren kunstvollen Giebeln eine prachtvolle Kulisse für den »Gassenzauber« der Adventszeit in **Lüneburg** abgeben, ganz besonders das gotische Rathaus mit Barockfassade. Auch die spätgotische, im Krieg unzerstört gebliebene Fachwerkkulisse von **Celle**, darunter das sechsgeschossige Hoppenerhaus von 1532, bietet einen höchst romantischen Rahmen für den Weihnachtsmarkt. In **Uelzen** wird das historische Rathaus in Deutschlands größten Adventskalender verwandelt, in dem sich jeden Abend um 18 Uhr ein Türchen öffnet.

FESTE UND EVENTS

» In den Städten Lüneburg, Celle und Uelzen finden besonders stimmungsvolle **Weihnachtsmärkte** statt (Adventszeit).

HOTELS

» **Althoff Hotel Fürstenhof**
Stilvolle Eleganz in einem alten Palais mit sehr komfortablen, in warmen Erdtönen gehaltenen und mit edlen Stoffen ausgestatteten Zimmern, dazu exzellente Küche aus vielen italienischen Regionen in der Taverna & Trattoria Palio.

Hannoversche Str. 55, Celle, Tel. 051 41/20 10, www.althoffcollection.com/de/althoff-hotel-fuerstenhof-celle, **€€€**

» **Hotel Hof Tütsberg**
Das Naturhotel ist nicht nur wegen seines besonders attraktiven reetgedeckten Haupthauses aus dem 16. Jh. einen Aufenthalt wert, auch die vorzügliche Heideküche überzeugt.

Hof Tütsberg, Schneverdingen, Tel. 051 99/900, www.tuetsberg.de, **€€**

Heidschnucken kommen in der Lüneburger Heide als tierische »Landschaftspfleger« zum Einsatz. Die genügsamen Geschöpfe sorgen dafür, dass die Heideflächen nicht verkrauten, sondern immer schön kurz gehalten und gedüngt werden.

JANUAR

Spreewald

Ein Labyrinth von Wasserwegen führt durch Fontanes »endlos wirres Flussrevier«, von einem Dorfhafen zum nächsten. Im Sommer muss man schon mit dem eigenen Kajak lospaddeln, um in den Nebenarmen den stillen Zauber des UNESCO-Biosphärenreservats zu erleben.

Wintermärchen: Der Sonnenuntergang taucht Bäume und Wasserstraßen im Spreewald in ein magisches Licht.

Als Theodor Fontane 1859 seine champagnerselige Kahnpartie unternahm, war es August. Unglaublich grün ist dann das Blätterwerk der Erlen und Moorbirken. Heute herrscht in dieser Jahreszeit auf den »Fließen« Stoßverkehr mit lärmenden Touristenbooten, an jeder Anlegestelle warten Verkäufer mit den berühmten süß-sauer eingelegten Spreewälder Gurken.

WARUM JETZT?

Mystische Stille legt sich im Winter über die wie verzaubert wirkende Welt der kahlen, mit Raureif überzuckerten Erlenbruchwälder. Sie spiegeln sich im glatten Wasser, das zwischen 50 Grautönen und dunklem Aquamarin-Türkis changiert. Man hört nur noch das Paddel, Wasser, das an Eisschollen gluckst, ein paar zwitschernde Vögel und das Klopfen eines Spechts, aber kein Mückensirren mehr. Immer wieder saust ein Farbklecks am Ufer entlang: ein Eisvogel auf Partnersuche. Jetzt starten Glühweinkahnfahrten: Besonders beliebt ist eine Kaminkahnfahrt ab **Spreehafen Burg**. Hier sitzt man an echtem Feuer, trinkt Glühwein oder Grog und lauscht den Geschichten des Kahnführers. Aber auch Wandern auf gefrorenen Wegen ist ein Hochgenuss. Und wenn die Fließe ganz zufrieren, geht es auf Schlittschuhen weiter.

Ausgangspunkt zahlreicher Kahnfahrten ist das von Berlin etwa 1 Std. Bahnfahrt entfernte **Lübben**. Nordwestlich des attraktiven Städtchens lockt das in der ehemaligen CargoLifter-Luftschiffwerft untergebrachte Südseeparadies Tropical Islands mit Palmenstrand, Bali-Lagune und Bühnenshows. Auch im Winter ist das Spaßbad täglich von 6 Uhr bis Mitternacht geöffnet, und man kann sogar in der Halle in Safari-Zelten übernachten.

Den Marktplatz der Altstadt von **Lübbenau** säumen klassizistische Bürgerhäuser aus dem 18. und 19. Jh. Im Badeparadies Spreewelten kann man – durch eine Glasscheibe getrennt – im beheizten Außenbecken mit Pinguinen um die Wette schwimmen.

FESTE UND EVENTS

» Im Januar läuten verkleidete und maskierte Heischegänger die **»wendische Fastnacht«** (Zapust) ein und vertreiben mit Musik und Rutenschlägen die bösen Wintergeister aus den Dörfern. Eine Woche legen die Einheimischen beim **»Zapustumzug«** ihre Festtagstracht an (Ende Jan.).

HOTEL

» **Strandhaus Boutique Resort & Spa**
Das attraktive Hotel mit exzellenter Küche hält auch im Winter ein umfangreiches Angebot bereit. Man sauniert in topmodernen Wellness-Würfeln im verschneiten Garten.

Ernst-von-Houwald-Damm 16, Lübben,
Tel. 035 46/73 64, www.strandhaus-spreewald.de, **€€**

In der Gemeinde **Burg** stellen sich auf einem Bummel durch den Kur- und Sagenpark Figuren aus der wendischen Sagenwelt vor. Nach einer Kahnfahrt oder Schlittentour mit dem »Zweisitzer-Eisflitzer« bietet die Spreewald Therme mit Bade-, Wellness-, Sauna- und Fitnessangeboten herrliche Entspannung im Warmen. Ein Erlebnis für die Sinne!

Fast wie auf einem Brueghel-Gemälde: Eine bunte Schar Eisläufer tummelt sich auf den Fließen bei Lübbenau.

DEZEMBER BIS FEBRUAR

Mallorca

Im Winter gehört Mallorca fast vollständig den Einheimischen und den fest ansässigen Wahlmallorquinern aus ganz Europa. Die Tage sind selbst im Dezember oft erstaunlich sonnig und mild. Ende Februar lockt die zauberhafte Mandelblüte, und Mallorcas Felder und Wiesen verwandeln sich in bunte Blumenteppiche.

»

Blühende Mandelbäume vor Windmühlen im Marktstädtchen Maria del Camí: ein zauberhaftes Szenario, das Mallorca-Besucher im Wintermonat Februar erfreut

Wärmende Sonnenstrahlen beim Spaziergang am Stadtstrand von Palma de Mallorca: Im Hintergrund thront die mächtige gotische Kathedrale »La Seu«. Architekt Antoni Gaudí gab dem Meisterwerk 1904 seinen letzten Schliff.

Im Sommer bevölkern Millionen Urlauber die angeblich 179 Strände der Baleareninsel, die Zustände am »Ballermann« sind regelmäßig Skandalthema privater TV-Sender, und wer in der heißen Jahreszeit auf der Insel noch etwas Privatsphäre retten möchte und keine Lust auf Badetuchkonflikte am Hotelpool hat, muss sich schon auf einer Finca weit weg vom Meer einmieten.

WARUM JETZT?

George Sand und Frédéric Chopin hatten einfach nur Pech mit dem Wetter, als sie in **Valldemossa** 1838/39 einen nasskalten Winter auf Mallorca verbrachten. Bis auf wenige Tage sind Strandspaziergänge entlang der tiefblauen **Cala Figuera** auf der Halbinsel **Formentor**, eine Zugfahrt mit der 90 Jahre alten Eisenbahn durch die **Horta de Sóller** oder Wanderungen durch die wildromantische Bergwelt im Nordwesten oder die andächtig stimmenden Tropfsteinhöhlen von **Artà** mit Licht- und Tonschauspiel auch im Winter möglich. In dieser Jahreszeit selten schweißtreibend gestalten sich Radtouren, die in den Orten **Alcudia**, **Cala d'Or** und **Cala Millor** starten. Stundenlang fährt man durch die wintergrüne Berglandschaft, und immer wieder blitzt am Horizont das Meer auf. Selbst auf der kilometerlangen Küstenpromenade radelt es sich jetzt stressfrei.

In der Adventszeit präsentiert sich **Palma de Mallorca** als festlich illuminiertes Einkaufsparadies. Die Geschäfte mit kulinarischen Leckereien, Mode und Kunsthandwerk der Insel widmen sich jetzt geradezu hingebungsvoll ihren Kunden. Wie einst der berühmte Maler Joan Miró genießt man heiße Trinkschokolade mit Ensaimadas-

Küchlein in der im Jahr 1700 gegründeten Chocolatería Ca'n Joan de S'Aigo, die sich in der Altstadtgasse Carrer de Can Sanç versteckt. Kunst und Kulturgenuss bieten der königliche Palau de l'Almudaina, die gotische Seehandelsbörse Lotja, das Museu Es Baluard mit Werken von Matisse, Picasso und Tàpies sowie die topmoderne Fundació Pilar i Joan Miró, die in die farbenfrohe Welt von Joan Miró entführt.

Der Besuch der Christmette am Heiligen Abend garantiert ein einzigartiges Erlebnis. Seit 1229 trägt in den meisten Kirchen der Insel und natürlich auch in Palmas fantastischer gotischer Kathedrale **La Seu** ein Mädchen mit einem Schwert in den Händen den mittelalterlichen Sibillengesang (Cant de la Sibil.la) vor, ein Weltkulturerbe der UNESCO. Die wie aus der Zeit gefallene Melodie versetzt die Zuhörer für einige Minuten geradezu in Trance.

An Silvester erinnert die »Festa de l'Estandart« an die Eroberung des maurischen Palma durch König Jaume I. im Jahr 1229. Kurz vor Mitternacht warten alle mit einem Becher voller Weintrauben auf die zwölf Schläge der Kirchturmuhr. Bei jedem Glockenschlag muss man eine Traube essen, damit das neue Jahr ein glückliches wird. Am Nachmittag des 5. Januar legen die »Reyes Magos« mit dem Schiff an der **Port Vell** in Palma an. Anschließend ziehen Gaspar, Melchor y Baltazar von dort über die Avenida de Antonio Maura zur Plaça de Cort, wo sie vom Balkon des Ayuntamiento de Palma (Rathaus) aus die Kinder begrüßen.

FESTE UND EVENTS

- Der **Weihnachtsmarkt** im Nuevo Pueblo Español von Palma berieselt Besucher mit Kunstschnee und bietet hochwertige Handwerkskunst (Dez.–Anf. Jan.).
- Der **Wintervergnügungspark** von Port Adriano lockt mit Eislaufbahn und Riesenrutsche für Schlittenfahrer (Dez.–Anf. Jan.).

HOTELS

Hotel Born
Patrizierhaus aus dem 16. Jh. Die mit traditionellem mallorquinischen Mobiliar eingerichteten Zimmer gruppieren sich rund um einen romantischen Patio mit mächtiger Palme.

Carrer Sant Jaume 3, Palma de Mallorca,
Tel. +34/971/71 86 18, www.hotelborn.com, **€€**

Palau Sa Font
Boutique-Hotel in einem Bischofspalast aus dem 16. Jh. mit Panoramablick von der Turmterrasse. Sehr geschmackvoll eingerichtete Zimmer und großzügig gestaltete Bäder.

Carrer Apuntadores 38, Palma de Mallorca,
Tel. +34/971/71 22 77, www.palausafont.com, **€€**

Passeig des Born im Herzen von Palma: Wo zu anderen Jahreszeiten Heerscharen von Touristen entlangbummeln, hat man die beliebte Einkaufs- und Flaniermeile im Dezember fast für sich allein.

DEZEMBER

Tallinn
Estland

Die Finnen wussten es schon immer: Estlands Hauptstadt muss man sich vom Meer aus nähern. Auch im Winter flitzen große Katamarane von Helsinki nach Tallin. Nur anderthalb Stunden später rückt bereits das Stadtpanorama der alten baltischen Hansestadt mit ihren barocken Helmen, gotischen Spitzdächern und mittelalterlichen Giebeln ins Blickfeld.

Blick über Tallinns schneegepuderte Dächer mit Nikolaikirche und Alexander-Newski-Kathedrale

Eine fast komplett erhaltene Stadtmauer mit imposanten Wach- und Kanonentürmen umringt das schon zu Sowjetzeiten unter Denkmalschutz gestellte Ensemble der Altstadt. Seit 1997 ist sie Weltkulturerbe. Schon die Sowjetbürger kamen gerne nach Tallinn, um der Einheitstristesse grauer Plattenbauten und sozialistischer Monumentalarchitektur zu entfliehen. Diese findet man in Tallinn nur in den Außenbezirken. Inzwischen wachsen dort aber auch die gläsernen Türme von Banken, Hotels und Hightechfirmen in den Himmel.

WARUM JETZT?

Weil das mittelalterliche Tallinn ein echtes Wintermärchen ist. Zwischen Dezember und Februar ist Schnee garantiert und taucht die effektvoll beleuchtete Altstadt in eine zauberhafte Atmosphäre. Besonders »russisch« wirkt Tallinn rund um die **Alexander-Newski-Kathedrale**. In den krummen kopfsteingepflasterten Gassen flackern unzählige Kerzen. Die Tage sind zwar kurz, doch wenn die Sonne scheint, bietet sich von den beiden Aussichtsplattformen des **Dombergs** ein wirklich atemberaubender Ausblick auf die weiß überzuckerte und orangerot erstrahlende Turmlandschaft und die eisblaue Ostsee.

Ende November wird ein riesiger Weihnachtsbaum auf dem **Rathausplatz** aufgestellt. Hier hinterlassen die Einwohner gerne ihre Weihnachtswünsche. Für die hanseatische Kulisse sorgen zwei besonders prächtige **Gildehäuser** aus dem Mittelalter: Im Haus der Großen Gilde von 1410 residierte die mächtigste Kaufmannsorganisation des alten reichen Reval. Wachsam blickt die Figur des Stadtpatrons »Alter Thomas« als Wetterfahne vom hohen schlanken Achteckturm des gotischen **Rathauses** auf selbstbewusste Damen, die nicht selten selbst im strengen Winter im Minirock und hohen Stiefeln über das glatte Kopfsteinpflaster balancieren. Die Geschäfte, Bars und Cafés locken mit Glühwein, heißer Schokolade und vorzüglichen Kaffeespezialitäten, denn die Esten sind wie die Finnen in das schwarze Gebräu verliebt. Unbedingt probieren muss man die estnischen Pfannkuchen mit leckerer Beerenmarmelade! Im Kompressor Pub in der Rataskaevu 3 schmecken sie besonders gut. Jetzt ist auch die Zeit, die herzhafte **Winterküche** der Esten kennenzulernen: Sülze, Rote-Bete-Salat, Hering, Schweinebraten mit Sauerkraut, Weihnachtsbrot und Blutwurst mit eingelegtem Kürbis und Preiselbeermarmelade.

Mit dem St. Martinstag Ende November beginnt die Zeit der **Weihnachtsmärkte**, auf denen die führenden Kunsthandwerker ihre Arbeiten präsentieren und verkaufen. Im Dezember verwandelt sich die Harju-Straße nahe der Nikolauskirche bis März in eine **Eisbahn**, auf der nicht nur Schlittschuh gelaufen wird. Ganze Eishockeymatches finden hier statt! Im **Nõmme Lumepark** auf Tallinns höchster Erhebung kommen Skifahrer und Snowboarder auf ihre Kosten. Noch mehr Winterzauber bietet ein Ausflug zum 28 km östlich von Tallinn rauschenden **Jägala-Wasserfall**, der mit seinen Eiszapfen in der tiefstehenden Wintersonne einen zauberhaften Anblick bietet.

FESTE UND EVENTS

- **Weihnachtsmärkte** und viele kulturelle Veranstaltungen in Kinos, Konzert- oder Theaterhäusern, Kirchen, Pubs und Nachtlokalen (Ende Nov.–Anf. Jan.).
- **Eislaufbahnen** mitten in der Altstadt (Dez.–März).

HOTELS

Merchant's House
Die Zimmer sind in zwei Handelshäusern aus dem 14. bzw. 16. Jh. untergebracht. Mit bemalten Holzbalken und alten Kaminen atmen sie viel historisches Flair, bieten dazu aber kostenloses Wlan.

Dunkri 4/6, Tel. +372/697 75 00, www.merchantshousehotel.com, **€€**

Oldhouse
Charmante Bed & Breakfast-Unterkunft in der Altstadt.

Uus 22, Tel. +372/641 14 64, www.oldhouse.ee, **€**

DEZEMBER BIS FEBRUAR

Budapest

Die schönste Stadt an der Donau bietet jahrhundertealte Bäderkultur, traditionsreiche Kaffeehäuser und viel Charme, und gefeiert wird hier auch im Winter, am liebsten in den Bädern. Abends ist das funkelnde Stadtpanorama von der Fischerbastei in Buda besonders eindrucksvoll, und im Winter leuchtet die Stadt schon am späten Nachmittag.

Dampfbad vor neobarocker Kulisse: Edel planscht man im Széchenyi-Heilbad.

Im Sommer platzt Budapest aus allen Nähten. Menschenmassen schieben sich durch die engen Gassen des Burgviertels, drängeln sich um die schönsten Fotoplätze auf der Aussichtsterrasse der Fischerbastei, um Parlament und Kettenbrücke zu bewundern, und in den legendären »Ruinenpubs« gibt es kein freies Plätzchen mehr. Auch die Meisterwerke von El Greco, Raffael, Brueghel, Cranach und Gauguin im Museum der Schönen Künste verschwinden oft geradezu im Besucherpulk.

WARUM JETZT?

Weil »Heiß und Eis« Budapests Wintermotto ist. Heiß, das sind nicht nur die Hotelpreise, die jetzt schneller dahinschmelzen als die Warteschlangen vor den Museen. Heiß, das sind auch die 123 **Thermalquellen** der Stadt, die dafür sorgten, dass schon Römer und Osmanen hier gerne badeten. Heute sind die Bäder der Stadt sogar über die Weihnachtsfeiertage geöffnet. Im neobarocken **Széchenyi-Heilbad** spielt man im riesigen Außenbecken auf schwimmenden Brettern Schach mit oft echten Profis, während sanft die Schneeflocken auf den Köpfen schmelzen und sich alles in weißen Dampf hüllt. Samstag ist Partytime, oder besser gesagt »Spartytime«, mit Lightshows und Bauchtänzerinnen bis in den frühen Morgen. Besonders luxuriös gestaltet sich der Badespaß im berühmten **Gellért** in Buda, im Winter allerdings unter einem riesigen Glasdach.

In die Kategorie »Eis« fällt Europas größte und wohl auch romantischste **Eislaufbahn** am Rande des Stadtwaldes, die bis Ende Februar geöffnet ist. Danach schmeckt die Melange mit ungarischem »rétes« (Mohnstrudel) oder »Dobos«-Torte im **Művész Kávéház**, dem »Künstler Kaffeehaus« mit Konditorei auf dem großen Boulevard gegenüber dem Opernhaus, gleich doppelt so gut.

Doch das winterliche Budapest hat noch viel mehr zu bieten, zum Beispiel einen der schönsten **Weihnachtsmärkte** Europas, auf dem man wirklich exzellentes Kunsthandwerk erwerben kann, und das ohne viel Gedränge und Geschiebe. Wer vor Weihnachten wieder nach Hause fährt, sollte vorher unbedingt die Budapester **Markthalle** aufsuchen, denn hier gibt's die besten Enten und Gänse Europas schlachtfrisch und nicht tiefgefroren, natürlich ohne Vorbestellung. Feinschmecker kommen gerne auch im Februar: Dann findet das bei Touristen fast unbekannte »**Mangalica-Festival**« auf dem Szabadság tér in der Nähe des Parlaments statt. Dabei dreht sich alles um das ungarische Wollschwein, dessen unvergleichlich leckere Spezialitäten man probieren und dabei gleichzeitig die dazu passenden ungarische Weine verkosten kann. Schwein gehabt!

FESTE UND EVENTS

- In den Wintermonaten erstrahlt Budapest im Glanz der **Weihnachtsmärkte** (Ende Nov.–Anf. Jan.). Die beiden wichtigsten werden am Vörösmarty Platz und bei der St. Stephans Basilika aufgebaut. Weitere Weihnachtsmärkte gibt es in der Deák Fußgängerzone, genannt »Fashion Street«, am Erszébet Platz, im Rathauspark und im Luxushotel Four Seasons Gresham Palace.
- Unweit des Parlaments findet das **»Mangalica-Festival«**, das Wollschweinfest, statt (um den 10. Feb.).

HOTELS

Gerlóczy

Eine Wendeltreppe führt von einem noblen Kaffeehaus zu eleganten, farblich unterschiedlich gestalteten Zimmern, zwei davon mit Balkon zum Platz.

Gerlóczy utca 1, Tel. +36/1/501 40 00, www.gerloczy.hu, **€€**

Bródy House

Treffpunkt für Budapests kreative und intellektuelle Szene direkt neben dem Nationalmuseum mit großzügigen Salons und 22 völlig individuell künstlerisch eingerichteten Zimmern.

Bródy Sándor utca 10, Tel. +36/1/266 12 11, www.brodyhouse.com, **€-€€**

Kapverden

DEZEMBER
JANUAR

Die Kapverdischen Inseln im Zentralatlantik hat das enge Zusammenspiel von Vulkan, Sahara und Atlantik geprägt. Hier an der Schnittstelle zwischen Europa und Schwarzafrika findet man auch die Wiege der aus der Begegnung zwischen Portugiesen und schwarzen Sklaven entstandenen kreolischen Kultur, die sich von den Kapverden entlang der Küsten Afrikas und in die frühen Kolonien der Neuen Welt verbreitete.

Bunte Fischerboote an der Baia das Gatas auf der kleinen kapverdischen Insel São Vicente

Urlauber entscheiden sich oft für eine einzige Insel: Surfer lieben die Wüsteninseln **Sal** und **Boa Vista** mit ihren kilometerlangen Sandstränden. Wer die musikalische Kultur der Kapverden erleben will, besucht São Vicente, die Heimatinsel der unvergessenen Morna-Sängerin Césaria Évora. Genusswanderer zieht es auf die muschelförmige, vom 2828 m hohen Vulkankegel Pico do Fogo beherrschte »Feuerinsel« **Fogo** und auf das kleine, besonders grüne **Brava**.

WARUM JETZT?

Weil im Winter der angenehm kühlende Nordostpassat weht. Der sorgt dafür, dass Surfer besonders hohe Wellen abreiten können, aber auch Wanderer perfekte Bedingungen vorfinden. Nur im Winter hält man es in der zwar nicht schönen, aber aufregenden Hafenstadt Praia auf **Santiago** aus. Hier erlebt man Afrika pur, denn die Hauptstadt der Kapverden erinnert an Städte in Guinea, Senegal oder Sierra Leone. Markt ist jeden Tag, und auch Touristen können sich in das bunte Treiben stürzen und einmal das Nationalgericht »cachupa« probieren, ein Maiseintopf mit Kartoffeln, Mohrrüben und dicken Bohnen. Köstlich schmecken auch frische Papayas, Mangos oder einfach ein Schluck Kokosmilch. Für alle Garküchen gilt die afrikanische Devise: Schälen, Kochen oder Vergessen! Im Norden, an der Bucht von Tarrafal, gibt sich Santiago dagegen geradezu karibisch, und der Passatwind kommt jetzt genau aus der richtigen Richtung.

Das größte Fest im Winter ist der Karneval von Mindelo auf der Insel **São Vicente**. Hier verschmelzen europäische und brasilianische Elemente und sorgen für ein grandioses Spektakel. Am Rosenmontag ziehen Sambatänzer durch die Straßen, am Karnevalsdienstag folgt der große Umzug mit Prunkwagen und leicht bekleideten, aber glitzernden Karnevalsprinzessinnen, ganz wie in Brasilien. Besucher sollten möglichst bald kommen, denn die Kreuzfahrtindustrie hat das Spektakel inzwischen auch schon entdeckt.

FESTE UND EVENTS

- Zu **Weihnachten** ziehen Blasorchester überall durch die Straßen. Auch der **Jahreswechsel** wird auf der Straße gefeiert. Besonders wild tobt die Party in Mindelo (Rua Lisboa und Avenida Amílcar Cabral).
- Mindelo auf der Insel São Vicente feiert den farbenfrohsten **Karneval** im Zentralatlantik. Familiärer geht es beim Karneval von Ribeira Brava (São Nicolau) zu. Sehenswert sind auch die **Rosenmontagsumzüge** auf Santo Antão (Feb.).

HOTELS

- **Casa Beiramar**
  Komfortable Pension in einem historischen renovierten Sobrado, einem portugiesischen Herrenhaus im Stadtkern. Umlaufende Terrasse mit Blick aufs Meer und die Ilha Brava. Ruhiger Innenhof.
  In der Nähe der Kirche, São Filipe, Ilha do Fogo, Tel. +238/281 34 85, www.cabo-verde.ch, **€**
- **Sol na Baia**
  Das herrschaftliche Gebäude in einer der schönsten Buchten aller Inseln wurde von einem französisch-kapverdischen Künstlerehepaar restauriert. Große Zimmer mit Dusche und WC. Schöner Innenhof.
  Faja d'Agua, Ilha de Brava, Tel. +238/285 20 70, www.solnabaia.cv, **€**

Noch sehr ruhig geht es dagegen auf **Maio** zu, einer Wüsteninsel östlich von Santiago, deren Bewohner von Fischfang und Schafzucht leben. Am endlosen puderzuckerfeinen Sandstrand rund um Vila de Maio kann man noch immer in Ruhe am Strand den Meeresschildkröten zusehen und bei einer Rundfahrt nach exotischen Vögeln wie Sandlerche, Wüstenläufer und Rennvogel Ausschau halten. »Mas, se ca bado, Ca ta birado« heißt es im berühmten Lied »Hora di Bai«: »Ohne Gehen kein Zurückkommen.« Wen einmal das Kapverdenfieber gepackt und wer die »morabeza« genannte Gastfreundschaft erlebt hat, der kehrt immer wieder zurück auf die kargen und doch so warmherzigen Inseln im Atlantik.

DEZEMBER

Hurghada und Luxor

Ägypten

Eigentlich sollte Ägyptens Tauchparadies am Roten Meer im Winter Hauptsaison haben, denn dann herrscht hier das angenehmste Klima. Sonnenhungrige erreichen den ägyptischen Ferienort in wenigen Stunden Flug.

Fast unermesslich ist die Vielfalt, die Ägyptens Unterwasserwelt für passionierte Taucher bereit hält.

Aber so ist es nicht, weil Hurghada eben das Mekka der Taucher ist, und die mögen warme Wassertemperaturen. Dafür nimmt man gerne in Kauf, dass Sonnenbaden bei 40 Grad und mehr eine schweißtreibende Angelegenheit ist.

WARUM JETZT?

Weil es im familienfreundlichen Hurghada Anfang Dezember mit 25 Grad Lufttemperatur für deutsche Frostbeulen noch immer warm genug ist und die Wassertemperaturen erst im Januar und Februar auf frische 22 Grad sinken. Und es ist tatsächlich Nebensaison, mit äußerst günstigen Pauschalangeboten. Selbst Schnäppchen in Fünf-Sterne-Resorts sind jetzt zu haben.

Auch im »Winter« locken die **Giftun-Inseln** mit herrlichen Stränden und intakten Korallenriffen. Unterwasserfotografen zieht es zum 5 km südlich der Inseln gelegenen Tauchspot **Gota Abu Ramada**. Nur verfrorene Naturen braucht einen »wetsuit«, um die faszinierende Unterwasserwelt zu entdecken. Auch die Inseln **Magawish** und **Mahmya** sind mit ihren unmittelbar vorgelagerten Korallenriffen kleine Strand- und Tauchparadiese. Kindern spendiert man am besten einen Tag in den Spaßbädern Jungle Aqua Park und Makadi Aqua Park. Auf Bootsausflügen lernt man verspielte Delfine ganz aus der Nähe kennen, nur Schwimmen mit ihnen ist aus Tierschutzgründen heikel. Auch bei Wüstentouren mit dem Quad und inkludiertem Kamelritt oder auf den zweitägigen Wüstensafaris mit Lagerfeuern und Nächten im Schlafsack unter freiem Himmel riskiert man unter der Wintersonne keinen Hitzschlag.

Kulturinteressierte lieben den Dezember ohnehin. Einen Tagesausflug nach **Kairo** mit Kurzbesuch bei den **Pyramiden von Gizeh**, der Großen Sphinx und dem Ägyptischen Museum bucht man aber doch lieber als – gar nicht teuren – Flug, sonst sitzt man die meiste Zeit im Bus. **Luxor** und das **Tal der Könige** sind dagegen recht bequem in knapp 4 Std. mit komfortablen Reisebussen zu erreichen. Mit Luxors kolossalen Tempelanlagen demonstrierten die Pharaonen ihre Macht, allen voran Ramses II., der sich auf drei (von einst sechs) Mammutstatuen verewigte und auf zwei Obelisken seine Heldentaten einmeißeln ließ. Die gigantische Halle des Amun-Re-Tempels von **Karnak** stützen 134 mit Hieroglyphen verzierte Pflanzenpfeiler.

Nicht minder faszinierend ist das **»Reich der Toten«** am Westufer des Nils, allen voran der vor einer dramatischen Felskulisse angelegte Totentempel der mächtigen Hatshepsut. Leuchtende Götterreliefs zieren die Gräber von Seti I. und Ramses VI. im Tal der Könige, herrliche Malereien das Grab von Nefertiti im **Tal der Königinnen**. Eigentlich viel zu viel für einen Tag!

FESTE UND EVENTS

» Für Events sorgen in Hurghada die großen Luxusresorts und das Kulturzentrum El Sawy Culture Wheel in der Dibaj Mall mit verschiedenen **Musik- und Theateraufführungen**.

HOTELS

» **Oberoi Sahl Hasheesh**
Luxushotel 30 km südlich von Hurghada, dessen Palastsuiten im eleganten, aber nicht überladenen maurischen Stil gestaltet sind und Panoramaausblick aufs Meer bieten. Weltklasse-Spa, internationale und indische Top-Küche, Tauchzentrum mit Kinderprogramm.

Hurghada-Safaga Coastal Rd., Sahl Hasheesh, Tel. +20/65/346 10 40, www.oberoihotels.com, **€€€**

» **Luxor Hotel**
Kleines, freundliches und sehr preiswertes Hotel mit Dachterrasse. Die Zimmer bieten TV und Kühlschrank. Einzelzimmer meiden!

Sharia Mustafa, Ad Dahar, Tel. +20/65/354 28 77, www.luxorhotel-eg.com, **€**

DEZEMBER

Uruguays Küste

Die grandiose Atlantikküste des kleinen Staats ist Europäern kaum ein Begriff: Allenfalls Punta del Este, wo sich im Januar die Reichen und Schönen Südamerikas treffen, schafft es gelegentlich in die Gazetten. Dabei kann man hier sogar im Frühsommer noch Nebensaison pur erleben.

Fünf riesige Finger ragen aus dem Sand der Playa Brava (Skulptur »La Mano« von Mario Irarrázabal).

Die Lage von Punta del Este, kurz »Punta« oder noch kürzer »PdE« genannt, ist tatsächlich berückend: Das schmale, 140 km westlich von Montevideo gelegene Kap trennt die Mündung des Río de la Plata vom offenen Ozean. Extravagante Ferienarchitektur, Hochhaushotels, teure Restaurants und Boutiquen, Spielbanken und Nightclubs prägen das Punta entlang der Küstenstraßen nördlich des Kaps, aber eben auch traumhaft schöne Strände. Im Januar findet hier das Schaulaufen der brasilianischen und argentinischen Celebrities statt.

WARUM JETZT?

Weil Anfang Dezember zwar schon Sommer ist, aber trotzdem noch Nebensaison, besonders in den vielen kleinen Stranddörfern zwischen **Punta del Este** und der brasilianischen Grenze. Hier prägen duftende Pinien-, Eukalyptus- und Akazienwälder, kleine Buchten, Flamingo-Lagunen, Kaps und unverbaute Sandstrände die Küstenlandschaft. Aber selbst in Punta ziehen die Preise erst kurz vor Weihnachten an. Medienerfahrene, aber noch nicht ganz so prominente Models aus Brasilien und Argentinien beziehen schon jetzt die beeindruckenden Ferienvillen spendabler Gönner, um die knappsten Bikinis an der **Playa Mansa** und die kaum weniger knappen Abendkleidchen in den angesagten Nightclubs von Barra auszuführen. Die südamerikanische Regenbogenpresse wartet nämlich bereits sehnsüchtig auf die ersten Paparazzifotos, und noch ist die Konkurrenz überschaubar.

Ernsthafte Surfer zieht es dagegen an die wildere **Playa Brava** an der Ozeanseite des Kaps. An der Parada 1 des Strands findet man die berühmte Handskulptur »La Mano de Punta del Este«, die der chilenische Künstler Mario Irarrázabal 1982 aus Beton, Kunststoff und Stahl geschaffen hat. Sie zeigt fünf menschliche Finger eines »Ertrinkenden«, die teilweise aus dem Sand herausragen, und ist inzwischen eines der bekanntesten Wahrzeichen Uruguays. Südöstlich der Küste tummelt sich auf der **Isla de Lobos** eine der größten Seelöwenkolonien der Welt.

FESTE UND EVENTS

» Ein »Asado« ist für Grill-Fans ein Höhepunkt der Reise.

HOTELS

» **Casa Ibiporã**
Charmantes kleines, einfaches Hostel mit Terrasse und Garten direkt am Strand für Surfer und Bohemiens. Viele brasilianische Gäste.

Artigas da Acosta, Barra de Valizas,
Tel. +598/93/74 58 63, **€**

» **Hotel Art Design**
Schickes Boutique-Hotel an der Schlemmer- und Shoppingmeile von Punta mit Außenpool, Spa, Fitness Center und Dachterrassenbar. Die 40 modern gestalteten Zimmern sind mit Küche und geräumigem Balkon ausgestattet. Anfang Dezember lockt das Hotel noch mit günstigen Preisen.

Av. Pedragosa Sierra, Punta del Este,
Tel. +598/42/49 21 22, www.hotel2122.com, **€**

Je weiter nordöstlich man fährt, desto naturverbundener geht es zu. Besonders einfach ist das Leben noch heute in **Cabo Polonio**. Das schöne Kap mit seinen Dünen und Wäldern ist ein Naturschutzgebiet. In der Nähe des alten Leuchtturms trifft man auf viele Seelöwen. Zehn Kilometer weiter nordöstlich, im von mächtigen Sanddünen geprägten **Barra de Valizas**, haben die Hippies und Alternativen das Sagen. Im Sommer reiht sich hier eine Strandparty klampfender Dreadlocks an die nächste. Marihuana ist in Uruguay übrigens legal.

Einsam, wunderschön, aber im Sommer Treffpunkt ambitionierter Surfer, die zwischen Dezember und Februar das Bild prägen: Das ist **Punta del Diablo**. Man schläft in Hostels und Strandhütten, die das nötige Zubehör verleihen, relaxt in Hängematten und widmet sich dem Nachtleben. Die Surfbedingungen sind das ganze Jahr über ideal, Internet gibt's meist erst ab November.

DEZEMBER
JANUAR

Sylt

Deutschlands Sehnsuchtsinsel, deren charakteristische Umrisse als Aufkleber nicht nur Nobelkarossen ziert, hat viele Gesichter, und nur das sommerliche kennt man wirklich oder glaubt es zumindest: den seit den 1950er-Jahren inszenierten Promi-Aufgalopp in Kampen mit Bentley und Porsche, aber auch den Familienurlaub im Strandkorb, nicht immer bei bestem Wetter.

Wenn Schnee auf Sand trifft, dann glitzert es am Strand zwischen Kampen und Wenningstedt.

Schön ist es hier zu jeder Jahreszeit: im Frühjahr, wenn die Lerchen über dem Dünenland trällern und die Syltrosen blühen, im Sommer, wenn die Kinder riesige Sandburgen am Strand bauen und die Glockenheide das **Listland** lila einfärbt, und im Herbst, wenn sich die internationale Surferelite am Strand von Westerland trifft.

WARUM JETZT?

Weil Sylt im Winter ein ganz anderes Gesicht zeigt und das winterliche Reizklima einen ganzen Tag Erholung in 2 Std. packt. **Kampens** Schicki-Cafés und Nobelboutiquen machen höchstens zwischen Weihnachten und Neujahr auf, wenn Hamburger und Berliner mal kurz in ihren Zweitwohnungen nach dem Rechten sehen. Ansonsten teilt man die Insel nur mit Einheimischen und Enthusiasten. Nur jetzt kann man an der einsamen Ellenbogenstraße die Winteratmosphäre erleben, die in Roman Polanskis Film »Der Ghostwriter« eine zentrale Rolle spielt. Auf der Wattenmeerseite treiben bei Flut vielleicht Eisschollen an den Strand, und auf der Hochseeseite donnert und brüllt die Nordsee mit meterhohen graugrünen Brechern an die verwaisten Sandstrände. Keiner guckt, wenn man dagegen anbrüllt. Manchmal peitscht Regen ins Gesicht, doch schon 15 Min. später kann die Wintersonne die Szenerie in zartes Rosa und Orange tauchen und die Wellen in silbrige Fluten verwandeln. Manchmal liegt Schnee auf den Reetdächern des alten Friesendorfs **Keitum**. Jetzt rein in die Kleine Teestube, die feine Sylter Teemischungen zu hausgebackenen Kuchen serviert, und natürlich auch den »Pharisäer«, dessen Mischung aus Kaffee, braunem Rum und einer Haube Schlagsahne durchgefrorene Spaziergänger binnen Minuten zu neuem Leben erweckt. Oder doch lieber bei Austernmeyer in **List** knackfrische »Sylter Royal« schlürfen? Vielleicht ein Bootsausflug zu den Ruheplätzen der Seehunde und Kegelrobben im **Weltnaturerbe Wattenmeer**? Das gibt's nur in der Nebensaison.

FESTE UND EVENTS

» Im Februar findet auf der Insel ein uraltes Ritual statt, das **»Biikebrennen«**: Dann tragen die Sylter große Stapel Holz an bestimmten Plätzen in den Dünen und auf der Marsch zusammen. Wenn es dunkel wird, zündet man sie an, hält Reden auf Friesisch und singt Lieder. Später geht es zum gemeinsamen **Grünkohlessen** (21. Feb.).

HOTELS

» **Hotel Budersand**
Das Luxushotel bietet im Winter oft Schnäppchenpreise. Edles Wellnessareal mit Schwimmbad, Saunen und Fitnessraum. Sogar Golf spielen kann man. Und die Hotelbibliothek zählt über 1000 von Elke Heidenreich persönlich ausgewählte Bände.

Am Kai 3, Hörnum, Tel. 046 51/46 07-0, www.budersand.de, **€€€**

» **Hotel Strand am Königshafen**
Schönes Design am Lister Königshafen, viel Komfort, ein kleiner Spa-Bereich mit Schwimmbad und Sauna, dazu ein toller Blick durch Panoramafenster aufs Wattenmeer. Die preiswerteren Terrassenzimmer bieten windgeschütztes Strandkorbidyll mit Dünenblick.

Hafenstr. 41, List, Tel. 046 51/88 97 50, www.hotel-strand-sylt.de, **€€€**

Angst vor Schietwetter braucht hier niemand zu haben: Im Winter buhlen die Wellnesseinrichtungen um Gäste. Das Syltness Center in **Westerland** lockt mit Thalasso- und Ayurveda-Angeboten, das Day Spa in **Keitum** wiederum mit fernöstlichen Verwöhnaktionen, in der Sylter Welle sauniert man mit wohligem Ausblick auf die tobende Nordsee. Oder man verbringt den Tag mit der Familie im Lister **Erlebniszentrum Naturgewalten**: Spannender kann man komplexe Sachverhalte zu Klima und Natur nicht präsentieren. Im »Sturmraum« lässt sich sogar am eigenen Leib erfahren, wie sich die verschiedenen Windstärken anfühlen. Im Winter geht das natürlich auch draußen sehr gut.

FEBRUAR

Côte d'Azur

Kosmopolitisch, mondän und berauschend schön! Vom karmesinroten Massif des Esterel im Westen bis zur italienischen Grenze im Osten, vom Nationalpark Mercantour im Norden bis zu den blauen Gestaden des Mittelmeers im Süden breitet sich eine einzigartige Naturlandschaft aus: mit mehr als 300 Sonnentagen pro Jahr!

Den Sonnenuntergang an Nizzas berühmter Promenade des Anglais ohne Gedränge erleben: An einem Wintertag ist das ohne Weiteres möglich.

Explosion in Gelb und Grün in Bormes-les-Mimosas. Das Dorf ist der Ausgangspunkt der 130 Kilometer langen »Straße der Mimosen«, die von der Provence an die Côte d'Azur führt.

Nur 90 Min. dauert der Flug von München nach Nizza, und schon ist man mittendrin in der Sonnenlandschaft, die Matisse, Chagall und Picasso inspirierte. Feinschmecker zieht es zu den kleinen Märkten und in die Restaurants, die nach allen Kräutern der Provence duftende Sonnenküche servieren. Auf Streifzügen durch das Hinterland genießt man grandiose Aussichten hinunter aufs Meer, das Idyll stiller Dörfer und die exzellenten Tropfen lokaler Weingüter.

WARUM JETZT?

Die Ausläufer der **Seealpen** schirmen die Küste vor kalten Nordwinden ab und sorgen im Spätwinter für frühlingshafte Temperaturen. Im Hinterland strahlen Millionen kleiner flauschiger Sonnenpompons um die Wette. Die Acacia dealbata, im Volksmund kurz und falsch Mimose genannt, taucht die Seehänge der Berglandschaft in Dottergelb. Im Zentrum der zarten Blütenpracht steht das hoch über der Küste thronende mittelalterliche Dorf **Bormes-les-Mimosas**. Schon im Februar summen hier Bienen um die an Osterküken erinnernden Blüten, Honigduft liegt in der Luft. Von Bormes führt die **Route du Mimosa** über Rayol-Canadel-sur-Mer, Sainte-Maxime, Saint-Raphaël, Mandelieu-la-Napoule, Tanneron und Pégomas bis nach Grasse: 130 km Goldrausch mit Blick auf das flirrende Blau des Mittelmeers.

Das Gelb der Zitrone, die hier süßer schmeckt als irgendwo sonst auf der Welt, beherrscht im Februar das an der italienischen Grenze gelegene **Menton**. Blumenpracht, wohin man schaut: im antik-griechisch anmutenden Olivenhain Parc du Pian mit besonders schönem

Meerblick. Das im ehemaligen Palais der Fürsten von Monaco untergebrachte Musée des Beaux-Arts bietet erlesenen Kunstgenuss.

In **Monaco** präsentieren sich Fürstenpalast, Musée Océanographique und der Jardin Exotique mit Riesenkakteen und Traumausblick jetzt ganz ohne Besucherandrang. Panoramasüchtige genießen entspanntes Fahren auf der kurvenreichen obersten Küstenstraße **Grande Corniche**, bummeln im »Adlernest« **Eze** durch den kleinen, aber feinen Jardin Exotique und wandern auf dem felsigen **Sentier Nietzsche** hinunter zur Küste.

In **Nizza** und **Cannes** bieten weltberühmte Grandhotels im Februar Schnäppchenpreise. Auf der Promenade des Anglais und der Promenade La Croisette führen russische Models die ersten Miniröcke der Saison aus, Confiserien und Marktstände locken mit regionalen Spezialitäten. In Nizzas vornehmem Viertel Cimiez hoch über der Stadt kann man prachtvolle Villen bestaunen und ohne Gedränge Meisterwerke im Musée Matisse und Musée Marc Chagall besichtigen. Eisenbahnfans zuckeln von Nizza mit dem Pinienzapfenzug »Train des Pignes« durch die Voralpen, Inselromantiker spazieren durch jetzt fast menschenleere duftende Pinienwälder der vor Cannes gelegenen **Îles de Lérins**, besuchen auf der **Île Ste-Marguerite** im mächtigen Fort Royal die Zelle des mysteriösen »Mann mit der eisernen Maske« und auf der **Île St-Honorat** die romanische Klosterkirche, und das alles ohne Schlangestehen.

FESTE UND EVENTS

- Während des **»Corso fleuri«** explodieren die Farben in Bormes-les-Mimosas (Ende Feb.).
- Mit der **»Fête du Citron«** feiert Menton Karneval im Blumenrausch (2. Feb.-Hälfte).
- Der **Karneval** von Nizza ist die größte Winterveranstaltung der Côte d'Azur (Mitte Feb.–Anf. März).

HOTELS

Villa Philae

Im Winter werden die drei Zimmer der Luxusvilla mit beheiztem Pool, Garten, Terrasse, Küche und Bad auch einzeln angeboten, inklusive feinem Frühstück. Der Blick aufs Meer ist atemberaubend.

629, route de Super Garavan, Menton, Tel. +33/6/89 84 02 43, www.villaphilae.com, **€€€**

Hotel de France

Charmantes Drei-Sterne-Hotel hinter dem berühmten Hotel Negresco mit ausgesprochen geschmackvoll eingerichteten Zimmern. Dazu sehr zuvorkommendes Personal, das echte Geheimtipps für die Nebensaison parat hat.

58, rue de France, Nice, Tel. +33/4/93 88 38 61, www.hoteldefrancenice.com, **€€**

Cannes bietet mit seinen berühmten Filmfestspielen nicht nur Schauspielern eine adäquate Bühne; auch Strand und Meer sind ein guter Ort für Naturschauspiele aller Art. Mit etwas Glück ergattert man einen Platz in der ersten Reihe.

DEZEMBER
JANUAR

Yosemite National Park

Kalifornien

Von den berühmten Wasserfällen des Yosemite Valley bis zu den steilen Granitkuppeln und den dramatischen Serpentinenstrecken des Tioga Passes: Den Yosemite-Nationalpark in der kalifornischen Sierra Nevada kann man nur mit Superlativen beschreiben.

»Licht-Blick«: Die untergehende Sonne verleiht den markanten Granitformationen goldene Tupfer.

Fragt der Tourist einen Ranger des Nationalparks: »Was kann ich tun, wenn ich nur einen Tag habe, um Yosemite zu sehen?« Antwort: »Hinsetzen und heulen!« Und doch schaffen es die meisten Autoausflügler aus Los Angeles und San Francisco nur bis in das im Sommer oft völlig überlaufene Yosemite Valley, um die fast 1000 m hoch aufragenden Granitwände und Wasserfälle zu sehen. Dabei macht das Tal weniger als 1 % des Parks aus. Das unberührte Hochland der **Tioga Pass Road**, die subalpinen Weiten der **Tuolumne Meadows**, das dramatisch gelegene Gletschertal mit dem Stausee **Hetch Hetchy** im Nordwesten, **Glacier Point** im Süden mit seinen Wahnsinnspanoramen und **Mariposa Grove** mit seinen Riesenmammutbäumen, das alles ist nun mal nicht an einem Tag zu schaffen. Und diese Luft!

WARUM JETZT?

Weil Yosemite auch ein Winterwunderland ist. Wer das nicht glaubt, sollte einfach mal die 1927 entstandenen Schwarz-Weiß-Fotos betrachten, die **Ansel Adams** berühmt machten. Die Preise in den Parkunterkünften sinken erheblich, besonders unter der Woche, Menschenmassen gibt es keine, Weihnachten mal ausgenommen. Und Winter, das bedeutet hier in der Regel blendend weißer Schnee in höheren Lagen, stahlblauer Himmel und oft grüne Täler. Wir sind immer noch in Kalifornien!

FESTE UND EVENTS

» Die wichtigsten Winterveranstaltungen im Nationalpark sind das zwischen Mitte und Ende Dezember etwa ein Dutzend Mal im Hotel Majestic Yosemite inszenierte **»Bracebridge«-Dinner**, eine englische Weihnachtsfeier im Stil des 18. Jh. mit einem Festmahl. In der Great Lounge des Hotels kann man im Winter die kulinarischen Veranstaltungen **»Grand Grape Celebration«** (Wein) und **»Taste of Yosemite«** (Küche) erleben (www.travelyosemite.com).

HOTELS

» **Majestic Yosemite Hotel (vormals The Ahwahnee)**
Das ehemalige Ahwahnee ist ein »National Historic Landmark«, dessen Great Lounge man sogar besucht, wenn man hier weder isst noch schläft. Die Architektur hat 1927 Stanley Underwood entworfen. Große Buntglasfenster und farbenfrohe Wandteppiche.

Yosemite National Park, 1 Ahwahnee Drive, Yosemite Valley, Tel. +1/888/413 88 69, www.travelyosemite.com, **€€€**

» **Yosemite Valley Lodge**
Zweistöckige Glas- und Holzbauten in der Nähe der Yosemite Falls aus dem Jahr 1915 (ehemals Yosemite Lodge at the Falls).

9006 Yosemite Valley Lodge Dr., Yosemite Village, Tel. +1/888/413 88 69, www.travelyosemite.com, **€€€**

Umso mehr Spaß macht es, diese Zauberwelt auf Schneeschuhen zu erkunden, die es vielerorts zu leihen gibt. Von der »Yosemite Ski & Snowboard Area« führt eine gut 11 km lange Rundtour auf markierten Loipen zum **Dewey Point**. Wer nicht auf eigene Faust losziehen will, schließt sich einer von Rangern geführten Schneeschuhwanderung an. Im Tal, das auch im Winter oft schneefrei oder allenfalls überzuckert ist, kann man ohne Schneeschuhe oder Langlaufskier losziehen: zu Fuß oder mit dem Bike. Frühmorgens kann man noch den Eiskegel sehen, der sich in kalten Winternächten um die **Yosemite Falls** bildet. Bis 10 Uhr schmilzt er vollständig ab.

Oder lieber auf die Bretter? Entspannter als auf den Pisten der Yosemite Ski & Snowboard Area, die von der Yosemite Valley Lodge mit Shuttlebus zu erreichen ist, geht es in den gesamten USA nicht zu. Liftschlangen und teure Lifttickets sind hier unbekannt. Jede Menge Fun garantiert auch **Snowtubing**, das in den USA immer beliebter werdende Reifenrodeln auf einem mit Luft gefüllten Schlauch. Eislaufen im Freien mit Traumblick bietet der Half Dome Village Ice Rink. Am Ende des Tages gönnt man sich in der Majestic Yosemite Hotel Bar einen wärmenden Cocktail und blättert danach am flackernden Kaminfeuer im Fotobuch von Ansel Adams.

Elbsandstein-gebirge

Nicht nur chinesische Besucher fühlen sich im Elbsandsteingebirge in der Sächsischen Schweiz an das Huangshan-Gebirge erinnert: das von zahllosen Dichtern und Malern verewigte »Gelbe Gebirge«, dessen zerklüftete karstige Felsen sich häufig in dichte Nebel hüllen. Gut, dass Caspar David Friedrich nicht so weit reisen musste, um den »Wanderer über dem Nebelmeer« zu malen.

»

Morgenstimmung im Elbsandsteingebirge. Langsam lüften sich die Nebelschleier und geben einen fast surrealen Blick auf das Hintere Raubschloss frei.

Besuchermagnet im Dezember: der seit 1434 in Dresden abgehaltene »Striezelmarkt«. Seinen Namen verdankt der Weihnachtsmarkt der länglichen Form des Dresdner Stollens, der im Mittelhochdeutschen als »Striezel« bezeichnet wird.

Im Sommer ist von Nebel keine Spur, und die Romantik hält sich angesichts des Besucheransturms auf der **Bastei** in Grenzen, auch wenn der Blick auf das Elbtal an südliche Landschaften erinnert. Dann wird es schwer, noch einen wenig begangenen Wanderweg durch die in Millionen von Jahren geformte Landschaft mit Tafelbergen, bizarren Felstürmen, Felsnadeln, Schluchten und Wäldern zu finden. Und gefühlt an jedem Felsen hängt ein Kletterer.

WARUM JETZT?

Weil im Winter in der Sächsischen Schweiz himmlische Ruhe einkehrt. Dann liegen auf den hohen Felstürmen weiße Schneehauben, die zartgelben Lichtstimmungen erinnern jetzt wirklich an chinesische Rollbilder, und der historische **Malerweg** kann auch im Winter begangen werden: Glitzernde Eisskulpturen, düstere Felskulisse und plötzlich wieder weite Ausblicke in eine jetzt entrückt scheinende Bergwelt warten auf winterfeste Besucher. Warm eingepackt, mit Thermoskanne und trittsicheren Schuhen, am besten mit Grödeln (Steigeisen), denn Schnee geräumt wird hier natürlich nicht, erspäht man Wanderfalken und Kolkraben und vielleicht auch die Spur eines aus Böhmen eingewanderten Luchses im Schnee. Spezielle Winterwanderführer verzeichnen auch die wenigen Gasthäuser, an deren gemütlichen Bolleröfen man sich bei einem »Schälchen Heeßen« aufwärmen kann. Weihnachtszauber gibt's natürlich auch. Wer den Menschenmengen des Dresdner »Striezelmarkts« entkommen möchte, flieht auf die hoch über dem Elbtal thronende **Festung Königstein**. Hier findet ein höchst romantischer Weihnachtsmarkt statt. Dann füllen sich die Gassen und Wege der Festung mit handgezimmerten Holzbuden. Viele Weihnachtsmarkthändler bieten in historischer Kleidung schönes Kunsthandwerk an oder verwöhnen die Besucher kulinarisch mit Lebkuchen, Baumstriezel und einem fantastischen Weihnachtspunsch. Gaukler und Zauberer unterhalten das Publikum. In der Dunklen Appareille, dem historischen Festungsaufgang, leuchten unzählige Herrnhuter Sterne, auf dem zentralen Paradeplatz steht eine große Weihnachtspyramide aus dem Erzgebirge, und an der Alten Kaserne schmücken Tannenbäume und Lichterketten den mit 112 m längsten Adventskalender Deutschlands. An den Adventswochenenden kann man in der festlich geschmückten Garnisonskirche Orgelkonzerte hören. Auf einem Spaziergang durch den Festungswald geht es vorbei an mit Festungsmotiven geschmückten Schwibbogen, an Märchenfiguren und wieder zahlreichen leuchtenden Herrnhuter Sternen.

TIPP: Die Aussicht von der Burg in der zauberhaften Morgenstimmung genießt man mit nur wenigen Eingeweihten, die meisten Besucher treffen erst gegen 15 Uhr ein. Also einfach frühmorgens die S-Bahn von Dresden nehmen, am Bahnhof Königstein aussteigen und die Festung zu Fuß erobern. Dann schmecken Bratwurst und Stollen gleich doppelt so gut.

FESTE UND EVENTS

» Der **Weihnachtsmarkt** auf Burg Königstein zählt zu den schönsten Sachsens (an den Adventswochenenden von 11–19 Uhr).

HOTELS

» **Berghotel Bastei**
Das ehemalige Wirtshaus auf der Bastei hat sich in eine gerade im Winter hochgeschätzte, luxuriöse Wellness-Oase mit noblen Zimmern und zweistöckigem Panoramarestaurant verwandelt. Tolle Ausblicke sind garantiert.

Lohmen/Bastei, Tel. 035 02/47 79-0, www.bastei-berghotel.de, **€€**

» **Hotel Elbiente**
In schönster Lage direkt an der Elbe, mit Blick auf die Basteifelsen, punktet das sehr komfortable Haus mit 30 Zimmern im modernen klaren Design sowie exklusivem Spa mit Pool, Solebad und Saunen. Dazu kommen ein Restaurant mit Panoramaterrasse und frischer regionaler Küche sowie eine Lobbybar.

Wehlener Weg 1, Kurort Rathen, Tel. 035 02/47 55 00, www.elbiente.de, **€€**

Die berühmte Bastei und die gleichnamige Brücke, über die sich im Sommer die Besuchermassen wälzen. Wer sie nicht mit anderen teilen will, muss gegen den Mainstream schwimmen und im Winter herkommen … und wird reich belohnt.

DEZEMBER

Rarotonga
Cook Islands

»Kia Orana« – herzlich willkommen, steht sogar auf den Nummernschildern der Autos von Rarotonga. 20 000 km sind die Cook Islands entfernt. Aber die glücklichen (und erschwinglichen) Inseln am anderen Ende der Welt locken mit champagnerweißen Stränden, türkisfarbenen Traumlagunen und einem sinnlichen Rausch der Blumen, Rhythmen und Gesänge.

Wer Weihnachtshektik gegen Südseefeeling eintauschen will, liegt am Strand von Rarotonga goldrichtig.

Allerdings ist das mit der Saison in der Südsee so eine Sache. Im Südwinter, also Juli und August, ist es auf den Cookinseln zwar besonders angenehm warm und trocken, dann entfliehen aber auch die Einwohner von Sydney, Melbourne und Auckland ihrer kühlen Heimat. Im Südsommer wiederholt sich das Spiel: Die fast zwei Monate dauernden großen Ferien in »Down Under« und Neuseeland verwandeln die Trauminseln in einen Rummelplatz.

WARUM JETZT?

Weil sich von Ende November bis Mitte Dezember ein fast ideales Nebensaisonfenster öffnet: Es ist zwar wärmer und feuchter als im Südwinter, doch regnet es nicht zu viel, und niemand hat Ferien. Trotzdem findet genau zu dieser Zeit das fröhliche und unglaublich bunte **Blumenfestival** »Mire Tiare« statt. Dazu kommt die Mu'umu'u-**Modenschau**, bei der die »Cook Island Mamas« ihre kreativsten Modeschöpfungen ausführen, natürlich mit duftenden Blumenketten aus weißen und rosa Frangipani- und Gardenienblüten um den Hals.

Die perfekte Zeit also, um in der jadegrün bis türkisblau schimmernden Lagune an der Südostküste der Hauptinsel Rarotonga zu schnorcheln und Fische kennenzulernen, die so schöne Namen wie Humuhumunukunukuapua'a tragen. Vom traumhaften **Muri Beach** mit seinem weichen weißen Puderzuckersand kann man zu vier bewaldeten »motus« hinüberschwimmen und ausprobieren, ob man ohne Werkzeug eine frische Kokosnuss knacken kann. Einheimische mögen die Lagune auch, weil man hier leicht an Seegurken kommt. Diese Delikatesse kocht man gewöhnlich mit Butter, Knoblauch und Gewürzen. Am Sonntag finden auf der Lagune **Kanurennen** statt: der Nationalsport der »Cookies«. Mit diesen Kanus sind sie immerhin bis Aotearoa gekommen, dem »Land der großen weißen Wolke«: Neuseeland. Mehr über die vorchristliche Vergangenheit des Archipels erfährt man im Cook Island Cultural Centre bei **Arorangi**. Hier demonstrieren die Cookies, wie man früher webte, schnitzte, Feuer machte, Kokosnüsse schälte, fischte und tanzte. Besonders interessant sind Einblicke in die alte Maori-Medizin. Dann folgt eine wirklich eindrucksvolle Kulturdarbietung mit traditionellen Tänzen, Musik, Gesängen und Legenden. Am Ende wird getafelt, mit Delikatessen, die im traditionellen Erdofen gegart werden.

Rarotonga ist aber auch eine ideale Insel für Wanderer. Die beste Einstimmung bietet der **Cross Island Walk**, den man in 4 Std. bewältigen kann. Er führt über den 413 m hohen **Te Rua Manga**, die markante Felsnadel von Rarotonga, und gelegentlich kämpft man sich durch dichten Urwald. Man kann natürlich auch mit Pa Teuraa auf Tour gehen. Der Mann mit den eindrucksvollen Dreadlocks ist Amateurbotaniker, Kräuterkenner und versteht sich auf traditionelle Heilmethoden. Ob gegen Arthrose oder gegen den Stich eines Rochens – die Grundstoffe für seine Medizin holt er sich aus dem Wald: aus Blättern, Rinden, Blüten. Alles legale Souvenirs, und sie passen in jedes Handgepäck.

FESTE UND EVENTS

» Großes einwöchiges Blumenfestival **»Mire Tiare«**, mit farbenfrohen Wagenparaden und Krönung der »Mire-Tiare«-Schönheitskönigin (Ende Nov./Anfang Dez.)

HOTEL

» **Rumours Luxury Villas & Spa**
Eine Klasse für sich: Die Villen bieten Marmorböden, Himmelbetten aus geschnitztem Tropenholz und Designerküchen und dazu sogar einen eigenen Wasserfall mit privatem Tropengarten und Beach Veranda. Zum blendend weißen Muri Beach sind es stets nur ein paar Schritte. Natürlich teuer, aber kein Vergleich mit den »Mondpreisen« von Bora Bora.

Muri Beach, Tel. +682/2/25 51, www.rumours-rarotonga.com, **€€€**

JANUAR
FEBRUAR

Brügge

Im Sommer wirkt Brügge tatsächlich so bunt wie auf den Ansichten von Jan-Baptist van Meuninghove (1638–1704). Dass man viele Gebäude von damals noch so gut wie unverändert wiederfindet, hat Brügge auch einigen Deutschen zu verdanken. Allen voran dem Kommandanten Immo Hopman, der sich 1944 weigerte, einen unsinnigen Befehl auszuführen und Brügge in Schutt und Asche zu legen.

Ein Kleinod zu jeder Jahreszeit: Brügge und seine prächtigen Gildehäuser im weihnachtlichen Outfit

Das romantische Brügge, ein gotisches Juwel Flanderns, ist im Sommer leider hilflos überlaufen. Viel zu viele Menschen wollen die **Liebfrauenkirche** mit der aus weißem Marmor gemeißelten »Madonna mit Kind« (1503–1504) von Michelangelo Buonarroti sehen, den Ursulaschrein von Hans Memling im ehemaligen **Sankt-Jansspital**, die Gemälde von Hieronymus Bosch, Jan van Eyck, Pieter Bruegel d. J. und Rogier van der Weyden im **Groeninge-Museum**. Und natürlich die Aussicht vom Rozenhoedkaai genießen: links der 112 m hohe Turm der Liebfrauenkirche, rechts der 83 m hohe Belfried – Belgiens Werbeplakat Nr. eins, aber beileibe nicht die einzige Ansicht in dieser Stadt der gotischen Stufengiebel, Türmchen und Winkelgässchen.

WARUM JETZT?

Weil sich jetzt der in Romanen, Filmen und Gemälden verewigte morbide Charme der Stadt entfaltet. Der Himmel ist in bräunliches Licht getaucht, während die Flut langsam steigt und eine lautlose Welle den gepflasterten Platz überspült. So sah jedenfalls der belgische Maler Fernand Khnopff, ein Hauptvertreter des belgischen Symbolismus, seine Heimatstadt Brügge: als Metapher für Dekadenz und Weltuntergang. Im Winter läuft die Schwermut Brügges zur Hochform auf, so wie sie 1893 Georges Rodenbach in seiner berühmten Novelle »Bruges-la-Morte« (Das tote Brügge) porträtiert hatte. Noch Jacques Brel sang depressiv von »schwarzen Glockentürmen gleich Kletterbäumen / Von denen steinerne Teufel die Wolken abhängen«, und filmisch wurde diese Atmosphäre 2008 von Martin McDonagh in »Brügge sehen … und sterben?« (Originaltitel »In Bruges«) tragikomisch in Szene gesetzt.

Doch halt, so morbide ist Brügge auch im Winter nur gelegentlich. In der Vorweihnachtszeit setzt sich die Romantik in der prachtvoll illuminierten Stadt durch, deren **Giebelhäuser** sich geheimnisvoll in nebligen labyrinthischen Kanälen spiegeln. Oft genug präsentiert sich die Stadt auch schneeüberzuckert, denn von der Nordsee her weht es kalt, und plötzlich wirkt alles heimelig. In der Altstadt packt man dann auf der Kunsteisbahn auf dem **Minnewater**, dem »See der Liebe«, die Schlittschuhe aus. In der fast 300 m² großen Winterbar mit Winterterrasse trifft sich die halbe Stadt. Auf dem **Rozenhoedkaai** bekommt man jetzt nicht mehr die Ellenbogen drängelnder Fotografen zu spüren, und auf den beiden Weihnachtsmärkten auf dem **Grote Markt** und dem **Simon-Stevin-Platz** erwarten den Besucher Buden und Hütten mit heißen Getränken und belgischen Waffeln. Auch im Winter werden Bootsfahrten entlang der malerischen **Reien** (Grachten) angeboten, ganz ohne lärmendes Volk, dafür mit glitzernden Eisschollen. »Zum Sterben« schön ist auch ein Besuch des **Old Chocolate House** mit seiner riesigen Auswahl heißer Schokoladen. Und wenn man die Adventszeit verpasst hat? Im Februar feiert Brügge einen der schönsten Karnevals in Belgien. Plötzlich verwandelt sich die Stadt in das »Venedig des Nordens«, denn man trägt hier gerne venezianische Kostüme.

FESTE UND EVENTS

- Zwei **Weihnachtsmärkte**, am Grote Markt und am Simon-Stevin-Platz, locken Besucher an (Ende Nov.–Anf. Jan.).
- **Karneval** mit viel venezianischem Flair (Feb.)

HOTELS

Number 11
Bed & Breakfast, aber wirklich edel, finden verwöhnte Gäste hier vor.

Peerdenstraat 11, Tel. +32/50/33 06 75, www.number11.be, **€€**

The Pand
Luxus vom Feinsten verspricht dieses kleine Boutique-Hotel, das in einem Kutschhaus des 18. Jh. kostbar mit Antiquitäten möblierte Zimmer bietet.

Pandreitje 16, Tel. +32/50/34 06 66, www.pandhotel.com, **€€**

Paris

Toujours Paris! Eine wirklich untouristische Jahreszeit gibt es in Frankreichs Hauptstadt natürlich nicht. Dafür ist der Mythos von Paris als Stadt der Liebe viel zu mächtig. So predigt es die Literatur seit gefühlt 500 Jahren, und überhaupt, man muss es einfach erleben, abends Hand in Hand an den Ufern der Seine entlangspazieren, den Eiffelturm funkeln zu sehen und sich nicht um Zyniker scheren.

»

Einen schönen Kontrast zum eisernen Koloss Eiffelturm bilden die Bronzestatuen an der Place du Trocadéro.

Der festlich geschmückte, tonnenschwere Christbaum im Nobelkaufhaus Galeries Lafayette am Boulevard Haussmann. Erst recht ein Blickfang ist die gläserne Kuppel im neobyzantinischen Stil, die sich über drei Etagen wölbt.

Man ist ja so schnell dort. Selbst mit dem Zug ist Paris in wenigen Stunden erreicht, denn der französische TGV fährt so schnell, dass zumindest westdeutsche Frühaufsteher rechtzeitig für ein spätes Frühstück mit Croissant und Café au Lait in der Seinemetropole ankommen. Um alle Kunstschätze der Lichterstadt kennenzulernen, reicht ein Leben ohnehin nicht aus.

WARUM JETZT?

Der Lichterglanz der **Grands Magasins** auf dem Boulevard Haussmann blendet in der Vorweihnachtszeit geradezu, der riesige Weihnachtsbaum unter der Kuppel des Jugendstilprachtbaus **Galeries Lafayette** ist seit 2019 von einem gläsernen Skywalk ganz aus der Nähe zu bestaunen. Auch die kunstvoll geschmückten Schaufenster der Modeboutiquen in der Rue Saint-Honoré kommen jetzt besser zur Geltung als im Sommer, wenn die Pracht oft hinter spiegelnden Fenstern verblasst. Romantiker zieht es zum Weihnachtsmarkt in den **Jardin des Tuileries** mit Riesenrad. Wer es moderner und weitgehend ohne Touristen mag, fährt mit der RER zur Station **La Défense**. Unter den Hochhäusern und dem großen Bogen auf dem Parvis de la Défense werden in der Weihnachtszeit über 300 Buden aufgestellt. Sehr hübsch sind auch der Elsässische Weihnachtsmarkt an der **Gare de l'Est**, das Weihnachtsdorf am **Quai Branly** zu Füßen des Eiffelturms und der zauberhafte Marché de Noël auf der **Place des Abbesses**. Eisbahnen, natürlich stets effektvoll beleuchtet, gibt es vor dem imposanten Rathaus **Hôtel de Ville** oder im **Grand Palais des Glaces**.

Ist das Wetter zu ruppig, spielen die Passagen aus dem 19. Jh., die Walter Benjamin als »Fantasmorgien eines utopischen Ziels« bezeichnete, ihren ganzen Charme aus. Besonders schön sind die **Galerie Vivienne** in der Nähe des Palais Royal, die **Galerie Véro-Dodat** als kürzeste Verbindung zwischen dem Louvre und den Pariser Hallen und die hohe und luftige **Passage du Grand-Cerf** zwischen der 10, rue Dussoubs und 145, rue Saint-Denis mit viel schönem Kunsthandwerk.

Viele großen Boulevardcafés leisten sich beheizte Terrassen und Außenkokons, »bulle d'hiver« genannt. **La Bulle Parisienne** ist die Winterterrasse des Eiffelturms, eine große Glaskugel mit 80 Sitzplätzen auf der 1. Etage. Zauberhaft ist auch die Terrasse d'hiver **Les Jardins du Marais**, ein Winterchalet mit dem Namen Chocolate Bar. Oder lassen Sie sich auf den Winterterrassen der Pariser Luxushotels **Royal Monceau** oder **Westin Paris-Vendôme** nieder, genießen Sie, in warme Decken gehüllt, die fabelhafte Aussicht vom Dach des **Terrass-Hotels** in Montmartre oder verträumen Sie einen grauen Nachmittag im Wintergarten des **Hôtel du Collectionneur**.

Ideal für einen Winterbesuch ist auch der **Louvre**. Mittwochs und freitags hat das Riesenmuseum bis 21.45 Uhr geöffnet und wirkt, wenn es draußen schon dunkel ist, viel intimer. Und nach dem Kunstgenuss lockt das Café Richelieu mit Terrasse, die sich auf den Napoleon-Hof und die berühmte Pyramide hin öffnet. Paris, ein Wintermärchen!

FESTE UND EVENTS

- Zahlreiche **Weihnachtsmärkte**, über die das Touristenbüro unter www.parisinfo.com informiert (Dez.).
- Die **»Soldes d'Hiver«** sind der große Winterschlussverkauf, mit Rabatten bis zu 80 % (Jan.).

HOTELS

Hôtel Amour
Mitten in Pigalle, etwas versteckt in einer Seitenstraße und inzwischen todschick ist dieses Liebeshotel, in dessen Restaurant sich die »branchés« von Paris zum Tête-à-tête treffen, bevor man zum amourösen Aufenthalt in eines der 24 eklektisch von Retro bis Bizarr eingerichteten Zimmer verschwindet.

8, rue de Navarin, Tel. +33/1/48 78 31 80, www.hotelamourparis.fr, **€€€**

Hôtel du Petit Moulin
Christian Lacroix hat die im Marais gelegene älteste Bäckerei von Paris in eine Pralinenschachtel namens »Hotel der kleinen Mühle« umdekoriert, in der sich Stars und Sternchen aus der Mode- und Filmbranche zum Turteln einfinden. Zimmer 303 mit seinem Deckenspiegel ist besonders begehrt.

29, rue de Poitou, Tel. +33/1/42 74 10 10, www.hoteldupetitmoulin.com, **€€€**

Unter dem Dach der 1823 eröffneten Einkaufspassage Galerie Vivienne buhlen eine Reihe eleganter Geschäfte, Cafés, Teesalons, Feinkostläden und Restaurants um die Gunst einer zahlungskräftigen Klientel.

DEZEMBER
BIS FEBRUAR

Venedig

Die kurze Atempause ist vorbei. Schon schieben sich wieder riesige Kreuzfahrtschiffe vor die einzigartige Kulisse der Lagunenstadt, die Gondeln füllen sich wieder mit Romantikern, und die Warteschlangen vor dem Dogenpalast und dem Markusdom werden ebenfalls länger. Kurzum: Venedig ist wieder da!

Defilé der Gondeln an der Einfahrt zum Canal Grande, bewacht von der Barockkirche Santa Maria della Salute im Stadtteil Dorsoduro

Ansichten von Venedig im brütenden Hochsommer, mit »acqua alta« (Hochwasser) oder in Nebelschwaden gehüllt, kennt man zur Genüge. Der Markusplatz mit Schnee bestäubt hingegen ist ein seltener und hinreißender Anblick.

Das bunte Postkarten-Venedig erstrahlt in der Regel zwischen April und Oktober. Dann ächzen die Venezianer wieder unter einer zweistelligen Millionenzahl an Besuchern. Man mag es den Gastronomen rund um den Markusplatz fast verzeihen, dass sie dann Mondpreise für eine lauwarme Pizza nehmen.

WARUM JETZT?

Weil Winter die Zeit der Romantiker ist, die Venedig ohne Massen erleben wollen, im Winternebel, wenn die Gondeln Raureif tragen, ja sogar mit der berüchtigten »aqua alta«, wenn sich der Markusdom im Hochwasser auf dem Markusplatz spiegelt. Wie in morbiden Venedig-Filmen verwandeln sich die gotischen Paläste in Schattenrisse, bis die Wintersonne sie wieder in geheimnisvolles goldfarbenes Licht taucht. Dann ist Venedig genauso, wie der russische Nobelpreisträger Joseph Brodsky die Lagunenstadt beschrieb: »Aristokratisch, düster, kalt, matt erleuchtet mit Saitenklängen von Vivaldi und Cherubini im Hintergrund, mit von Bellini/Tiepolo/Tizian drapierten weiblichen Körpern als Wolken.«

Anfang Dezember, wenn sich die Weihnachtsbeleuchtung der Palazzi im **Canal Grande** spiegelt, ist die perfekte Zeit für Kunstfans, denn die Wintertouristen in den Dolomiten, die gerne mal einen Tagesausflug nach Venedig unternehmen, sind noch nicht da. Relativ ungestört kann man nun die goldenen Mosaiken in der **Basilica San Marco** betrachten, Veronese im **Palazzo**

Ducale, Picasso in der **Collezione Peggy Guggenheim**, Tiepolo in der **Galleria dell'Accademia**, Tintoretto in Venedigs schönster Barockkirche **Santa Maria della Salute** und in der **Scuola Grande di San Rocco**, Tizian und Bellini in der Kirche **Santa Maria Gloriosa dei Frari**. Oder man spaziert einfach ziellos an den kleinen Kanälen der Viertel **Canareggio** oder **Dorsoduro** entlang, die selbst den scheinbar hoffnungslos Verirrten am Ende wieder an den Canal Grande zurückführen.

Bis Anfang Februar hat man Zeit, das stille Venedig zu genießen, denn dann läutet der »Engelsflug« den **Karneval** ein, der zwar wunderschön ist, hinter dessen Masken sich aber kaum noch ein Venezianer verbirgt. Während die **Vorweihnachtszeit** in Venedig eher eine besinnliche Angelegenheit ist, vom Weihnachtsmarkt am **Campo San Polo** einmal abgesehen, feiert die Stadt den Dreikönigstag (Epifania) mit Hingabe.

In der Nacht vom 5. auf den 6. Januar verteilt die auf einem Besenstiel reitende Hexe »Befana« Geschenke an brave Kinder und Kohle (heute immerhin die süße Variante aus Eiweiß und Zucker) an die weniger braven. Am Vormittag des 6. Januar findet dann die traditionelle »Regata delle Befane« statt, bei der sich alle männlichen Teilnehmer als alte Hexen verkleiden. Die Regatta startet auf der Höhe des **Ca' Foscari** und endet bei der **Rialtobrücke**, die mit einem riesigen Strumpf geschmückt wird. Authentisches Venedig!

FESTE UND EVENTS

- **Silvester** wird mit einem großen Feuerwerk, aber ohne Böller gefeiert (31. Dez.).
- Den Dreikönigstag feiert Venedig mit der **»Regata della Befana«** (6. Jan.).
- Der berühmte **»Karneval von Venedig«** wird in der Regel Anfang bis Mitte Feb. gefeiert.

HOTELS

Al Ponte Mocenigo

Venezianische Eleganz in Tiefrot und Gold zu erstaunlich erschwinglichen Preisen, mit hübschem Garten. Hier kommt echtes Commissario-Brunetti-Feeling auf. In der Nähe der Haltestelle San Stae.

Santa Croce 2063, Tel. +39/041/524 47 97, www.alpontemocenigo.com, **€€**

Domus Orsoni

In der alten Residenz der Familie Orsoni, deren Werkstatt Mosaiksteine aus Glas und Gold herstellt, schläft man zu moderaten Preisen in restaurierten, mit Antiquitäten eingerichteten Lehrlingskammern, deren Böden mit Goldmosaiken verziert sind.

Cannaregio 1045, Tel +39/041/275 95 38, www.domusorsoni.it, **€€**

Rund 50 Mitglieder des ältesten Rudervereins Venedigs nehmen als Hexen verkleidet an der »Regata delle Befane« teil. Ausgetragen wird der amüsante Wettbewerb alljährlich am Vormittag des Dreikönigstags, »alle ore 11«.

DEZEMBER JANUAR

Lissabon

Noch immer zehrt Lissabon ein wenig vom Mythos seiner Melancholie, wie sie sich im Fado, der portugiesischen Sehnsuchtsmelodie, ausdrückt. Lange lebte die Stadt im Schatten einer viel zu großen Vergangenheit, ihrer großen Seefahrerzeit, deren Ornamentik sich noch heute an den prächtigen Portalen und im unvergleichlichen doppelstöckigen Kreuzgang des Hieronymusklosters in Belém spiegelt.

Torre de Belém im Abendlicht: Mit dem 1521 erbauten trutzigen Turm in der Hafeneinfahrt begrüßte die Seemacht Portugal damals (und heute) ankommende Schiffe.

Nostalgisches Wahrzeichen Lissabons ist die gelbe Straßenbahn, die 1873 – damals noch von Pferden gezogen – in Betrieb genommen wurde und heute noch immer die steilen Straßen der Altstadt hochschnauft.

Von Melancholie ist allerdings im Sommer in der portugiesischen Hauptstadt nichts mehr zu spüren. Außerdem gibt es so viel zu sehen, nicht nur das 500 Jahre alte Weltkulturerbe in Belém, die berühmte **Torre de Belém** und das **Mosteiro dos Jerónimus**, beide im manuelinischen Stil erbaut. Auch die **Königsgräber** und die Grabstätte des Seefahrers Vasca da Gama ziehen Besucher an. Das **Museu Nacional de Arte Antiga** zeigt eine der bedeutendsten Kunstsammlungen Portugals, im **Museu Calouste Gulbenkian** hat der schwerreiche armenische Ölmagnat und Kunstsammler Schätze aus der ganzen Welt zusammengetragen. Der Blick von der Altstadt **Alfama** über die Stadt und den Tejo gilt ebenso als Highlight wie die Fahrt im altertümlichen Aufzug **Elevador Santa Justa** zwischen der Baixa und der Oberstadt Chiado.

WARUM JETZT?

Weil im Winter ohne Touristenmassen noch etwas von der Atmosphäre zu spüren ist, von der Amália Rodrigues, die Königin des Fado, in ihren Liedern sang und man ungestört in der Alfama und im Bairro Alto auf historische Spurensuche gehen kann. Vielleicht entdeckt man eine dunkle »tasca«, in der sich Einheimische treffen, um ihrem musikalischen Weltschmerz zu huldigen. Jetzt kann man ohne Warteschlangen und Gedränge die Fahrt mit der berühmten Tram 28 durch die Altstadt zum Campo Ourique genießen. Haarscharf quietscht sie an Häuserwänden entlang, der Kompressor rappelt.

Die Gerüchte, dass es in Lissabon im Winter ständig regnet, werden von den Einheimischen selbst geschürt, die ihre Stadt wenigstens ein paar Monate für sich behalten wollen. Dabei herrscht im Februar oft schon bestes sonniges Vorfrühlingswetter, 20 Grad sind keine Seltenheit. Darüber beschweren sich dann nur die Surfer aus aller Welt, die bei stürmischem Wetter im nahen Nazaré bis zu 30 m hohe Wellen reiten.

In den »miradouros«, den Aussichtspavillons auf dem Weg hinauf in die Altstadt, knutschen bereits die Liebespaare, umrankt von frischen Blumen. Auf der eleganten, von Arkaden gesäumten **Praça do Comérci**o und dem geliebten Rossio-Platz flaniert junges Volk bei strahlender Sonne. Seriöse Herren genießen ihre »bica« ungestört von klickenden Kameras im illustren Art-déco-Café **A Brasileira**, wo sich einst die berühmtesten Kaffeehausliteraten der Stadt trafen.

Aber fort mit der Melancholie! Unten am Fluss, in den ehemaligen Hafenkaschemmen, tobt das Leben. Hier geben die »retornados«, die aus den selbstständig gewordenen afrikanischen Kolonien Heimgekehrten und deren Kinder, den Ton an. Im **Ritz Club** treffen sich Schwarze aus Mozambique, Angola, Guinea Bissau und Cabo Verde, um bis zum Morgengrauen Party zu machen und Morna zu singen, die kapverdische Version des Fado. Im Lux Frágil, einem zweistöckigen ehemalige Lagerhaus am Tejo, ist ein labyrinthisches multifunktionales Nightlife-Zentrum mit sehr unterschiedlichen Szenen entstanden, von Hipster bis schräg-alternativ. Winter in Lissabon kann ganz schön heiß werden!

FESTE UND EVENTS

- Auf dem Messegelände findet der große Weihnachtsmarkt **»Natalis«** statt, mit tollem Shoppingangebot und Unterhaltung für die ganze Familie (Dez.).
- Die **»Noite de Ano Novo«** wird auf der Praça do Comércio mit einer Riesenparty gefeiert. Überall in der Stadt hängen die Menschen Töpfe und Pfannen aus dem Fenster und schlagen darauf, um das neue Jahr einzuläuten.

HOTELS

Lisboa Regency
Designhotel in den obersten Stockwerken des historischen Einkaufszentrums Armazéns do Chiado. Zimmer in elegantem modernen Kolonialstil, die besten haben eine blumengeschmückte Dachterrasse.

Rua Nova do Almada, 114, Tel. +351/21/325 61 00, www.lisboaregencychiado.com, **€€€**

York House
Elegantes Boutique-Hotel in einem alten Karmeliterkloster im Viertel Lapa mit geschmackvoll möblierten Zimmern. Schon die Schriftsteller Graham Greene und John le Carré haben hier übernachtet

Rua das Janelas Verdes, 32, Tel. +351/21/396 24 35, www.yorkhouselisboa.com, **€€**

Ein Hingucker ist die Fassade des Museums für Kunst, Architektur und Technologie (MAAT), entworfen von der Architektin Amanda Levete. Die wellenförmige Gestaltung nimmt Bezug auf Portugals ruhmreiche Vergangenheit als Seefahrernation.

DEZEMBER
JANUAR

Amalfiküste

Kampanien

»Il blu dipinto di blu« heißt es im berühmten Lied »Volare«. Nirgendwo in Italien ist das Meer blauer als an der Amalfiküste, und auch der Winter ist nirgendwo milder als hier. Dafür sorgt der Lattari-Gebirgszug, der kalte Winde fernhält. Die Zitronenbäume blühen gleich viermal im Jahr, und die birnengroßen, fast schon süß schmeckenden Amalfizitronen werden auch viermal geerntet.

»

Schmuckstück im Golf von Salerno: Die Kleinstadt Amalfi schmiegt sich pittoresk an die steile Felsenküste. Mehr Platz für die Bebauung hat ihr die Natur nicht gelassen.

Feierlich wird die Christmette im über tausend Jahre alten Dom von Amalfi zelebriert. Das dem heiligen Andreas geweihte Gotteshaus zählt zu den schönsten Kirchen an der gesamten Amalfiküste.

Milde Küstenwinde machen zwar auch den Sommer an der Amalfiküste erträglich, aber zwischen Amalfi und Positano ist dann oft kein Plätzchen am Strand mehr frei, von Hotelzimmern ganz zu schweigen. Selbst die Nebensaison im Frühling und Herbst ist inzwischen allzu beliebt.

WARUM JETZT?

Weil die Winter an der Amalfiküste geradezu frühlingshaft sind, wenngleich es im Dezember schon mal regnen kann. Schnee, den kennt man hier nur in Form gefallener Zitronenblüten. Jetzt ist die ideale Zeit für genussvolle Fahrten auf der kurvenreichen Küstenstraße, ohne ungeübten touristischen Gegenverkehr, der vor lauter Gucken nicht mehr auf die Straße achtet. Nur die öffentlichen Busse, die sich durch die engen Gassen der Dörfer zwängen, haben immer Vorfahrt!

Dezember ist eine magische Zeit. Hier sind die Weihnachtsmärkte nicht rummelig, sondern besinnlich wie der besonders schöne auf der Piazza dei Mulini in **Positano**. In den Gassen duftet es nach mit Vanillecreme gefüllten Küchlein »zeppole« und den in Honig gerollten Teigbällchen »struffoli«. Lichterketten und in allen erdenklichen Farben illuminierte Häuser in jedem Küstenstädtchen spiegeln sich nach Sonnenuntergang auf den dann tatsächlich schon mal blaugrauen Wellen. Auf jedem Platz und in jedem Schaufenster sind hübsche Krippen aufgestellt, einige in Form riesiger Miniaturmodelle alter Städte und mit viel Liebe zum Detail geschnitzten Figuren. In der teilweise überfluteten Smaragdgrotte in **Conca dei Marini** gibt es sogar eine Unterwasser-Krippe! In **Vico Equense** spielen die Einheimischen als »Wanderkrippe« das Geschehen um die Geburt Christi kostümiert nach und veranstalten am 6. Januar eine Prozession mit den Heiligen Drei Königen in prächtiger Verkleidung hoch zu Ross. Das tiefgläubige **Atrani**, in dem sechs Kirchen auf gerade mal tausend Einwohner kommen, ist das »Weihnachtsdorf« der Küste. An jeder Eingangstür, in jedem Durchgang leuchten Sterne.

Salerno bezaubert mit dem spektakulären Lichterfest »Le Luci d'Artista«: Die täglich nach Sonnenuntergang stattfindenden Lichtshows und Installationen kreieren in der Dunkelheit leuchtende Aquarien mit Wellen, Fischen und Muscheln. Auf der Piazza Portanova wird ein 30 m hoher Weihnachtsbaum aufgestellt, und auf der Piazza della Concordia dreht sich ein 60 m hohes Riesenrad.

In **Sorrent** inszeniert der mächtige Weihnachtsbaum auf der Piazzo Tasso eine stündliche Musik- und Lichtshow. Gaukler und Artisten unterhalten die Menschen, in den Kirchen finden Konzerte statt. Im mittelalterlichen Dom von **Amalfi** wird die Christmette besonders eindrucksvoll zelebriert, aber von »Stiller Nacht« kann keine Rede sein, denn es wird geböllert, was das Zeug hält. Silvester wird besonders ausgelassen an Positanos **Spiaggia Grande** gefeiert, die sich bis zum Morgengrauen in eine Open-Air-Disco verwandelt, natürlich mit Feuerwerk über dem Meer.

FESTE UND EVENTS

- Lichterfest **»Le Luci d'Artista«** in Salerno (Mitte Nov.–Ende Jan.)
- **Dreikönigsprozession** in Vico Equense (6. Jan.)
- Festliche **Weihnachtsdekoration** (Ende Nov.–Anf. Jan.)

HOTELS

Hotel Caruso
Glamour pur bietet dieses Hotel, das schon illustre Gäste wie Humphrey Bogart, Truman Capote und Jackie Kennedy gesehen hat. Traumhafter Infinity-Pool, unbezahlbarer Blick.

Piazza San Giovanni del Toro 2, Ravello,
Tel. +39/089/85 88 01, www.hotelcaruso.com, **€€€**

Hotel Luna Convento
In diesem Hotel, das in einem ehemaligen Kloster mit byzantinischem Kreuzgang und Traumaussicht auf die Amalfiküste untergebracht ist, haben schon Größen wie Richard Wagner und Henrik Ibsen übernachtet. Der Pool wurde in die Felsen gehauen. Zwei Restaurants servieren regionale Küche.

Via Pantaleone Comite 33, Amalfi,
Tel. +39/089/87 10 02, www.lunahotel.it, **€€€**

Ein kulinarisches Gedicht sind die Brandteigkrapfen »zeppole«. Füllung und Topping bestehen aus einer Vanillecreme, gekrönt wird die Leckerei von einer Amarenakirsche.

FEBRUAR

Sizilien

Dorische Tempel, antike Theater mit und ohne Vulkankulisse, römische Mosaiken mit Bikinimädchen, normannische Paläste, Kirchen und Klöster mit goldglänzenden byzantinischen Mosaiken und die ganze Pracht des Barocks von Ragusa und Modica, dazu herrliche Strände und Gebirgslandschaften: Sizilien ist eine wahre Sehnsuchtsinsel.

Am Hang des Monte Barbaro: die Ruinen des Hera-Tempels von Segesta aus der Vogelperspektive.

Schön ist Sizilien natürlich zu allen Jahreszeiten, aber schon im Frühling wird es voll. Im Sommer, wenn Saharawinde schon mal Temperaturen von über 40 Grad mit sich bringen, zieht es alle an die dann völlig überfüllten Strände.

WARUM JETZT?

Weil man jetzt die nach den herbstlichen Regenfällen wieder ergrünte Insel nur mit wenigen Urlaubern teilt, die hier oft gleich den ganzen Winter verbringen wie schon Richard Wagner. Der vollendete hier im Winter 1881/82 seinen »Parsifal« und schrieb begeistert: »Wir sind hier, um keinen Winter zu haben: Hier ist nämlich nur Sommer und Frühjahr.« Das war die Zeit, als die Crème der europäischen Gesellschaft mit Sonderzügen aus Berlin und Paris direkt nach **Taormina** fuhr. Natürlich kann es schon mal kühl sein und öfters regnen, doch treiben Südwinde die Temperaturen gar nicht selten über 20 Grad. Dann leuchtet die bis Ende Februar tief verschneite Kuppe des **Ätna** vor einem stahlblauen Himmel, und die goldgelben Barockkirchen, vor denen in der Weihnachtszeit riesige Krippen aufgebaut werden, strahlen in der klaren Wintersonne um die Wette.

Im **Kloster Monreale** bei Palermo, in dem Orient und Okzident in höchster Kunst verschmelzen, kann man jetzt sizilianische Zen-Momente erleben und stundenlang dem Vogelgezwitscher im vielleicht schönsten Kreuzgang der Welt lauschen, es duftet nach blühenden Zitronenbäumen, Jasmin und Rosen. Am wärmsten ist es meist in **Syrakus**, in dessen Theater – das größte der Antike – man jetzt ungestört die Akustik mit Schillers dort spielender Ballade testen kann: »Zu Dionys, dem Tyrannen, schlich Damon den Dolch im Gewande …« Und niemand wundert sich.

Einsam in wildromantischer Naturlandschaft präsentieren sich jetzt die griechischen Tempel von **Segesta** und **Selinunt**. Doch im Februar bietet das Tal der Tempel von **Agrigent** den schönsten Anblick der Insel. Denn dann findet hier das »Fest des blühenden Mandelbaums« statt, und schon der italienische Name »Sagra del Mandorlo in Fiore« ist reine Poesie. Aus der ganzen Welt reisen Folkloregruppen an, um vor der einzigartigen Kulisse des Concordia-Tempels inmitten eines Blütenmeers in Weiß und Rosa die Wiederkehr des Lebens zu feiern. Prämiert werden dann auch das schönste Mädchen von Agrigent und der attraktivste blumengeschmückte Balkon der Via Atena, vorzugsweise zusammen fotografiert. Natürlich gibt es jede Menge Süßes aus sizilianischen Mandeln zu verkosten. Dazu kommt – wir sind schließlich in Italien – mit dem »Festival dei Bambini del Mondo« das größte Festival für Kinder in Europa.

FESTE UND EVENTS

- Das Mandelblütenfest **»Sagra del mandorlo in fiore«** in Agrigento statt (Anf. Feb.–Anf. März).
- Die Einwohner von Catania feiern zu Ehren ihrer Schutzpatronin, der hl. Agatha, bereits seit über 500 Jahren ein prachtvolles, **»La Festa della Santuzza«** genanntes Fest (Anf. Feb.).
- Die Barockstadt Acireale feiert den schönsten **Karneval** Siziliens mit Paraden, Blumenwagen sowie Masken-, Kostüm- und Tanzgruppen (Anf. Feb.).

HOTELS

- **Doric Boutique Hotel**
  Feine ökofreundliche Unterkunft mit Spa, nur 1,5 km vom Tal der Tempel entfernt und mit einem fabelhaften Ausblick auf die uralte Kulturlandschaft gesegnet.
  Strada E.S.A. Mosé – San Biagio 20, Agrigento, Tel. +39/09 22/180 85 09, www.doric.it, **€€€**

- **Grand Hotel Timeo**
  Die sensationelle Aussicht von der Terrasse auf das griechische Theater genossen schon Kaiser Wilhelm II., Richard Wagner und Guy de Maupassant. Die Zimmer sind im sizilianischen Barock gestaltet.
  Via Teatro Greco 59, Taormina, Tel. +39/09 42/238 01, www.grandhoteltimeo.com, **€€€**

Guadeloupe
Kleine Antillen

Beim schmetterlingsförmigen Guadeloupe bekommt man zwei Inseln zum Preis von einer. Das karstige Grande-Terre erinnert mit seinen weißen Sandstränden, Korallenriffen und Zuckerrohrfeldern eher an Antigua, während die Vulkaninsel Basse-Terre mit lavaschwarzen Stränden, smaragdgrünem Regenwald und tosenden Wasserfällen die Topografie der »Inseln unter dem Winde« aufweist.

Bilderbuchferien in der Karibik. Guadeloupe hält, was es verspricht: Palmen, weißer Sand und blaues Meer, wie hier am Strand La Feuillère auf der Insel Marie-Galante.

Vom Aussichtspunkt in Terre-de-Haut liegen einem die weiteren acht Vulkaninselchen der Îles des Saintes zu Füßen. Der kleine Archipel vor der Südküste von Guadeloupe ist besonders bei Seglern und Tauchern geschätzt.

Ihre dichterische Apotheose erfuhr diese Landschaft in den Traumbildern des ersten Nobelpreisträgers der Karibik, Saint-John Perse, der schon mit zwölf Jahren für immer seine Heimatinsel verließ und die Farben und Düfte Guadeloupes beschwor. Zwischen Weihnachten und dem Karneval Ende Februar strapazieren allerdings Heerscharen von Urlaubern aus Frankreich und den USA die Geduld der freundlichen, aber selbstbewussten Insulaner.

WARUM JETZT?

Weil Anfang Dezember die Wirbelsturmsaison vorbei und das Wetter sonnig, trocken, aber nicht drückend heiß ist. Noch locken französische Fluggesellschaften mit Schnäppchenpreisen, ebenso die Hotels. »Komm zu mir, mein Schatz«, gurrt die füllige Marktfrau im schönsten Kréyol auf dem Marché Saint Antoine in **Pointe-à-Pitre** (Grande-Terre): Und wer könnte den so appetitlich aufgetürmten Mangos, Apfelbananen, Passionsfrüchten, Papayas, Litschis, Avocados und den wie Edelkürbisse schmeckenden Christophinen widerstehen?

Kréyol, das ist die honigsüße Sprache der Französischen Antillen, ein afrikanisiertes Französisch mit indianischen, englischen, spanischen und portugiesischen Elementen. Schon Joséphine hat damit Napoleon betört. »Sa ou fé?«, die Frage nach dem werten Befinden, kommt auch Touristen recht flüssig über die Lippen, und »pa ni problèm« (kein Problem) ist ohnehin so etwas wie ein pankaribischer Wahlspruch.

Die schönsten Strände findet man auf der eher kargen **Grande-Terre**. Wesentlich mehr regnet es auf **Basse-Terre**, aber nach einem der vielen Regenschauer leuchten die bunten kreolischen Häuser der gleichnamigen Inselhauptstadt Basse-Terre umso intensiver. Auch die rätselhaften Felszeichnungen der Arawak im Parc archéologique des Roches gravées bei **Trois-Rivières** treten dann umso plastischer hervor. Heute leben an der Ostküste von Basse-Terre viele Inder, die der 1493 mit Pfeilen der Kariben vertriebene Kolumbus dort seinerzeit vergeblich suchte. In **Changy** steht ein zu Ehren der Göttin Maliémin errichteter Hindutempel, dessen weiße Fassade polychrome Götterstatuen zieren.

Erstaunlich wenig besucht werden die herrlichen Sandstrände der runden, sanft gewellten Zuckerrohrinsel **Marie-Galante** südlich von Grande-Terre, die den vielleicht besten, aber auch teuersten Rum der Karibik herstellt. Ganz anders die Szenerie auf dem Vulkanarchipel der **Îles des Saintes**, früher ein Schlupfwinkel von Korsaren aus der Bretagne und der Normandie. Im Licht der Abendsonne leuchten die Holzhäuser mit ihren roten Wellblechdächern, und die Fischer ziehen ihre »saintoises« an Land. Diese bunten Boote werden nach jahrhundertealter Tradition gezimmert. Wer es noch familiärer mag, der wagt sich auf die morgens recht ruppige Überfahrt zum Eiland **La Désirade**. Zwei schöne Strände, einige kleine Hotels, freundliche Fischerfamilien: So sieht ein Stück unverfälschte Karibik völlig abseits der Touristenströme aus.

FESTE UND EVENTS

- **»Fête de Nwel Kakado«** im Dorf Vieux-Habitants auf Basse-Terre. Man versammelt sich vor einer Krippe auf dem Dorfplatz, singt mit Inbrunst traditionelle Weihnachtslieder und genießt dazu den mit Früchten aromatisierten Rumpunsch (Fr vor dem 1. Advent).
- **Großer Markt** für lokale Produkte und Kunsthandwerk in Baie-Mahault (den ganzen Monat Dez.)

HOTELS

Bellevue Gîtes
Drei klimatisierte Bungalows mit Küche und ein Gästezimmer in einem schönen Park mit Blick auf das Meer und die Inselberge von Basse-Terre. Whirlpool vorhanden. Sehr freundliche Gastgeber.

18, allée des Bougainvilliers, Petit-Bourg,
Tel. +590/95 25 09, www.bellevue-gites.com, **€€**

Gîtes le Colibri
Reizende Bungalows inmitten eines üppigen Tropengartens unter der Leitung charmanter Inselkenner. Terrasse mit Hängematte. Nur etwa 3 km von Saint-François entfernt.

Bois de Bragelogne, Saint-François,
Tel. +590/690 46 87 46, www.gitecolibri.com, **€€**

Blick auf den Hafen der Inselhauptstadt Basse-Terre. Der rund 11 000 Einwohner zählende Ort erstreckt sich am Fuß des aktiven Vulkans La Soufrière, der mit 1467 Metern zugleich der höchste Berg der Kleinen Antillen ist.

Ortsregister

H

I

J

K

L

M

Bildnachweis
Titelbild: li.: Sylt im Winter (mauritius images: MacRein,); re:. Mandelblüte auf Mallorca (Shutterstock.com: Rad Radu); unten: Herbst in New York (Digital signal)
Alamy Stock Photo: FB-StockPhoto-1 128; LianeM 158 – **AWL Images:** J. Warburton-Lee Photography Ltd/A. Watson 78; M. Abreu 80; K. Kozlowski 172; J. Warburton-Lee Photography Ltd/K. Scicluna 204 – **Getty Images:** iStockphoto 24, 164; EyeEm 104; Alexis Gonzalez 124; Moment RM 138; M. Bottigelli 176; AFP/O. Morin 179; Y. Chung/EyeEm 180; Westend61 202 – **HUBER IMAGES:** M. Arduino 4/5; C. Bäck 22; J. Miracky 32; C. Dörr 118; A. Bartuccio 134, 142, 206; G. Greco 140; R. Schmid 144, 148, 160, 163, 185, 186; F. Lukasseck 154; G. Gräfenhain 174; A. Vitting 182; R. Taylor 188; G. Baviera 196; M. Ripani 201; C. Dutton 208 – **imagebroker.com:** 99 – **imago:** Rainer Weisflog 159 – **imago images:** jojjik 96; ajithclicks 107 – **laif:** E. Berthier/hemis.fr 26; M. Jaeger 36; S. Bouilland/hemis 56/57; F. Heuer 131; Fautre/Le Figaro Magazine 168 – **look photos:** H. G. Eiben 68; Hemis 152; robertharding 198 – **mauritius images:** C. Bäck 14; CuboImages 31; Dbimages/Alamy 64; EQRoy/Alamy 84; G&M Therin-Weise/image BROKER 127 – **picture alliance:** robertharding 166; A. Merola 197 – **seasons.agency:** Jalag/A. F. Selbach 38; Gräfe & Unzer Verlag/P. von Felbert 153; Jalag/L. Spörl 194 – **Shutterstock.com:** Nyokki 8; Anetlanda 21; C. Wojtkowski 37; R. Binetti 38; DaLiu 48; Kevin Wells Photography 66; R. Cuel 70; d. requenez 72; Partyraiser 73; G. du Preez 74; LucVi 83; R. Semik 86; D. Moskvinov 88; emperorcosar 98; GagliardiPhotography 108; Maridav 112; Wirestock 116; R. Wittek 120; Pilguj 121; M. Mainka 122; G. Andrushko 126; PROMA1 136; Photoestetica 146; S. Adrover 150/151; Artesia Wells 162; cge2010 184; Pavel L Photo and Video 192; R. Hoetink 193; mikeforemniakowsk 200; VisualArtDesign 205; J. Fischer 210 – **stock.adobe.com:** M. Kunze 7; Markus 10; hykoe 11; L. Papaulakis 12; nejdetduzen 16; Jiri 18; D. Richardt 20; lucky-photo 28; P. Bernshtam 30; Avril 34; xbrchx 42; daliu 44; Blue Planet Studio 45; cristianbalate 46; antonel 50; Nataraj 51; Arthur 52; nizePhotos 54; EdNurg 60; Uwe 62; N. Tondini/D. Delimont 65; M. Brivio 78; dudlajzov 82; Gerhard1302 90; S. Ettmer 94; Wolfilser 95; mysweetbear 102; shantihesse 103; Dirk 110; P. Kašák 114; Orion Media Group 130; SB 133; D. Rabenstein 156; Composer 157; Marina 178; S. Nel 190; napa74 211 – **Stocksy:** 2 – **www.plainpicture.com:** 76; 92; 100; 106; 170

IMPRESSUM

HOLIDAY

HOLIDAY ist eine eingetragene Marke der GRÄFE UND UNZER VERLAG GmbH

ISBN 978-3-8342-3157-4

1. Auflage 2021

Autor: Wolfgang Rössig
Redaktion und Projektmanagement: Nadia Terbrack, Wilhelm Klemm
Satz: Nadine Thiel, kreativsatz
Lektorat: Rosemarie Elsner
Bildredaktion: Dr. Nafsika Mylona
Schlusskorrektur: Ulla Thomsen
Umschlaggestaltung: FAVORITBÜRO, München
Layout: Carolin Weidemann, weidemann-design
Herstellung: Gloria Schlayer
Druck: Firmengruppe APPL, Wemding
Bindung: Conzella, Pfarrkirchen

Wichtiger Hinweis
Die Daten und Fakten für dieses Werk wurden mit äußerster Sorgfalt recherchiert und geprüft. Wir weisen jedoch darauf hin, dass diese Angaben häufig Veränderungen unterworfen sind und inhaltliche Fehler oder Auslassungen nicht völlig auszuschließen sind, zumal zum Zeitpunkt der Drucklegung die Auswirkungen von Covid-19 auf das Hotel- und Gastgewerbe vor Ort noch nicht vollständig abzusehen waren. Für eventuelle Fehler oder Auslassungen können Gräfe und Unzer und die Autoren keinerlei Verpflichtung und Haftung übernehmen. Aus Gründen der besseren Lesbarkeit wird in diesem Buch bei Personenbezeichnungen das generische Maskulinum verwendet. Es gilt gleichermaßen für alle Geschlechter.

Ansprechpartner für den Anzeigenverkauf:
KV Kommunalverlag GmbH & Co. KG,
MediaCenter München, Tel. 089/928 09 60

Bei Interesse an maßgeschneiderten B2B-Produkten:
roswitha.riedel@graefe-und-unzer.de

Leserservice
GRÄFE UND UNZER Verlag
Grillparzerstraße 12
81675 München
www.graefe-und-unzer.de

Umwelthinweis
Nachhaltigkeit ist uns sehr wichtig. Der Rohstoff Papier ist in der Buchproduktion hierfür von entscheidender Bedeutung. Daher ist dieses Buch auf PEFC-zertifiziertem Papier gedruckt. PEFC garantiert, dass ökologische, soziale und ökonomische Aspekte in der Verarbeitungskette unabhängig überwacht werden

GRÄFE UND UNZER

Ein Unternehmen der
GANSKE VERLAGSGRUPPE